CONFÉRENCES INÉDITES

DE

L'ACADÉMIE ROYALE DE PEINTURE ET DE SCULPTURE

OUVRAGES DU MÊME AUTEUR

Le Testament de Tristan Mardoche (Histoire d'une conscience). . . . .
Essai sur les Principes et les Lois de la Critique d'Art. . . .
Les Théoriciens de la Peinture Française au XVIIe et au XVIIIe siècles (Sous presse). . . . .

ANDRÉ FONTAINE
DOCTEUR ÈS LETTRES

CONFÉRENCES INÉDITES
DE
L'ACADÉMIE ROYALE
DE PEINTURE ET DE SCULPTURE

D'APRÈS LES MANUSCRITS

DES ARCHIVES DE L'ÉCOLE DES BEAUX-ARTS

La Querelle du Dessin et de la Couleur
Discours de Le Brun
De Philippe et de Jean-Baptiste de Champaigne
L'année 1672

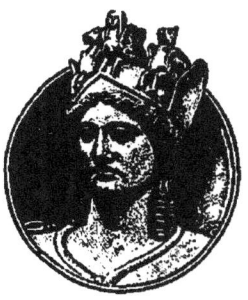
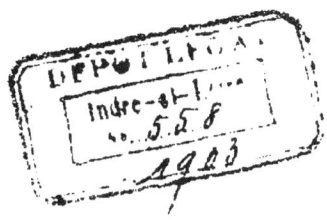

PARIS
ALBERT FONTEMOING, ÉDITEUR
4, RUE LE GOFF, 4

Collection "MINERVA"

A M. Henry LEMONNIER

PROFESSEUR D'HISTOIRE DE L'ART

A LA FACULTÉ DES LETTRES DE L'UNIVERSITÉ DE PARIS

Respectueux hommage

A. F.

AVANT-PROPOS

Les Archives de l'École des Beaux-Arts renferment un assez grand nombre de conférences, ou plutôt d'ouvertures de conférences (selon l'expression très juste du xviie siècle), prononcées à l'Académie Royale de Peinture et de Sculpture depuis 1668 jusqu'aux environs de 1780. En attendant que ces intéressants documents soient définitivement publiés, nous avons cru bon d'offrir au public quelques discours qui pussent lui donner une idée assez nette de ce qu'était la critique d'art du xviie siècle.

On se rappelle peut-être qu'à diverses reprises, des critiques éminents, et entre autres M. Ferdinand Brunetière, ont affirmé que les peintres et les sculpteurs sont presque seuls qualifiés pour juger les œuvres de peinture et de sculpture, que la meilleure critique d'art est celle qui prit naissance et se développa dans les conférences de l'Académie Royale, enfin que Diderot a été une sorte de malfaiteur, coupable d'avoir corrompu la saine critique académique.

A vrai dire, les conférences que M. Jouin, en 1883, avait tirées de Félibien, de Testelin, de Guillet de Saint-Georges, pour les réimprimer, semblaient donner tort aux défenseurs de l'Académie Royale. La comparaison des Salons de Diderot avec les Conférences nuisait plutôt à ces dernières, et M. Jouin le sentait si bien qu'il voulait faire de Diderot le continuateur des peintres critiques : « Qu'on relise les discours de Nicolas Loir ou de Michel Anguier, écrivait-il, leur méthode ne diffère pas de celle que suivra Diderot[1]. » A quoi M. Brunetière répondait : « Diderot a jeté la critique d'art dans une voie fausse, tandis que, cent ans avant lui, les conférences de l'Académie Royale l'avaient dirigée dans la bonne, dans la vraie, dans la seule[2]. » Et M. Jouin était formellement accusé de n'avoir publié que ce qu'il y a de moins bon dans les

---

1. H. Jouin, *Conférences de l'Académie*, p. LXVI.
2. *Revue des Deux Mondes*, 1ᵉʳ juillet 1883.

discours des grands artistes du grand siècle.

Il nous a donc semblé que nous comblerions une lacune si nous publiions les manuscrits des Archives de l'École des Beaux-Arts. Mais nous n'avons pas osé donner la collection complète des conférences, parce que, si elle renferme au point de vue documentaire beaucoup de pièces de grande valeur, elle ne va pas sans quelque sécheresse et quelque monotonie. Nous nous sommes donc décidé à faire un choix.

Mais nous tenions à ce que ce choix fût aussi loyal et probant que possible. Il nous avait paru, à la lecture des conférences, qu'elles démontraient jusqu'à l'évidence que bien exécuter un tableau est une chose, et que bien parler des tableaux des grands maîtres en est une autre. Il fallait donc qu'en choisissant les conférences à publier, nous évitions le reproche d'avoir mis au jour les plus médiocres et de justifier ainsi trop facilement et peu honnêtement notre manière de voir.

Aussi avons-nous cherché une série de conférences où fût discuté un sujet important; et nous avons eu la bonne fortune de rencontrer un débat qui dure encore de nos jours, celui du dessin et de la couleur; pendant plusieurs mois, en 1671, des artistes fourbirent soigneusement de curieux arguments qu'ils apportèrent à l'Académie avec l'espoir de terrasser leurs adversaires, et Le Brun mit fin à la querelle en prononçant sur la question une sentence décisive. Nous avons donc consacré la première partie de notre livre aux discours de Blanchard, des deux Champaigne et de Le Brun « sur les mérites du dessin et de la couleur ». Nous y avons même joint un discours intéressant que, vers 1750, François Desportes prononça sur le même sujet.

Mais cela ne suffisait pas; et puisque les peintres sont en peinture les meilleurs juges, n'est-il pas probable que plus ils ont de talent, plus leur jugement a de valeur? Aussi avons-nous recueilli avec le plus grand soin tous les discours de Le Brun et de Philippe de Champaigne, dont l'Académie faisait tant de cas qu'il lui arrivait assez souvent de les relire. Pour qu'on pût faire la comparaison entre les conférences des deux grands peintres et celles d'un artiste de second ordre, nous avons complété cette seconde partie de l'ouvrage par les discours de Jean-Baptiste de Champaigne : aussi bien rien de ce qui se rattache au peintre de Port-Royal ne doit-il nous rester étranger, et le neveu fut à l'Académie le défenseur de l'oncle, comme il fut ailleurs le continuateur de ses ouvrages.

Enfin nous avons réuni dans une troisième partie les ouvertures de conférences qui furent prononcées pendant l'année 1672. Il nous a paru que c'était un excellent moyen pour reconstituer la vie intellectuelle de l'Académie dans toute sa variété et sa vérité. Nous avons d'ailleurs eu soin de choisir une époque où l'exercice des conférences était particulièrement actif, où les discussions étaient les plus chaudes, et où les meilleurs artistes étaient chargés de composer les discours. Et ainsi, à côté de l'œuvre complète d'un Champaigne comme critique d'art, nous avons placé la suite aussi complète que possible des conférences de grands artistes pendant une période assez longue et assez brillante.

Nous espérons donc, dans ce débat sur la valeur des conférences académiques, avoir apporté un ensemble de documents utiles et impartialement choisis. Nous nous sommes contentés de les offrir aux curieux et aux érudits sans y ajouter d'autres commentaires qu'une préface explicative sur l'histoire et le genre des conférences au xvii° siècle. C'est en lisant les discours que chacun se formera une opinion sur l'importance réelle des efforts de la critique d'art avant Diderot.

PRÉFACE

LES CONFÉRENCES DE L'ACADÉMIE ROYALE DE PEINTURE
ET DE SCULPTURE AU XVIIe SIÈCLE

Il est impossible de lire les discours de Le Brun, de Philippe de Champaigne et des autres grands artistes du XVIIe siècle, sans se demander dans quelles conditions ils furent composés. Qu'étaient ces Conférences de l'Académie Royale de Peinture et de Sculpture, au cours desquelles tant d'hommes illustres prirent la parole? Quel but se proposaient-elles? Quelle est leur histoire? Autant de questions encore obscures, qu'il importe cependant d'élucider, afin de mieux établir la portée des documents que nous publions aujourd'hui [1].

Les conférences de l'Académie, auxquelles on semble, depuis vingt ans [2], s'intéresser à nouveau,

---

1. Cf. à ce sujet Vitet, *l'Académie de Peinture*, et H. Lemonnier *l'Art Français au temps de Richelieu et de Mazarin*.

2. En 1883, M. Jouin recueillait les « ouvertures de conférences » imprimées au XVIIe et au XVIIIe siècle. M. Brunetière, dans deux

ont été au xvii⁰ et au xviii⁰ siècle, considérées comme fort importantes. Les procès-verbaux nous apprennent que « l'exercice des conférences » était assez goûté des amateurs pour que l'Académie se soit préoccupée de « régler un ordre pour empêcher la confusion qui se rencontre aux séances publiques[1] », et ait résolu de « fixer des rangs de sièges pour le public, réservant les places pour l'Académie[2] ».

Une preuve plus frappante encore de l'estime dans laquelle on tenait ces entretiens, c'est que Hulst avait sans doute composé une histoire des conférences dont le plan seul nous est connu[3], que Jean Rou, auteur d'une histoire de l'Académie également perdue, avait consacré la deuxième partie de cet ouvrage à l'histoire des

---

articles de *la Revue des Deux Mondes* (15 mai 1880 et 1ᵉʳ juillet 1883) exaltait démesurément la critique d'art des peintres et sculpteurs du grand siècle. A partir de ce moment, on a pris l'habitude d'admirer les conférences de l'Académie ; mais il n'est pas sûr que quelques-uns de ceux qui en ont parlé les aient lues de très près.

1. Procès-verbaux de l'Académie, 5 mai 1668.
2. Procès-verbaux de l'Académie, 26 mai 1668.
3. Cf. le manuscrit des Archives de l'École des Beaux-Arts intitulé *Histoire des Conférences*, lu à l'Académie par M. Hulst (n° 183 *bis*, XVII du catalogue dressé par M. Muntz). Ce manuscrit de trois pages seulement ne contient qu'un plan très court de l'ouvrage annoncé.

conférences[1], que l'écrivain, admirablement informé, mais anonyme, auquel nous devons le précieux manuscrit intitulé *Relation de ce qui s'est passé en l'établissement de l'Académie*, se proposait de traiter « ci-après de l'établissement des conférences[2] », enfin que Testelin, le premier secrétaire de l'Académie Royale, refusait à tout le monde des copies de l'extrait des conférences, « me réservant, dit-il, toutes ces matières-là pour joindre au recueil général que je me promets de faire[3] ». Il faut bien avouer qu'à diverses reprises l'exercice des conférences, comme on disait, fut négligé par les Académiciens ; mais ce fut par

---

1. Cf. *Mémoires inédits et opuscules de Jean Rou*, t. II, p. 15.
2. Ce manuscrit (n° 5332 du catalogue de la bibliothèque de l'Arsenal) a été publié dans *la Revue Universelle des Arts*, en 1856 et en 1857. L'allusion à une suite de l'ouvrage dont *l'histoire des conférences* ferait la matière se trouve à la page 73 du tome IV de cette revue.
3. *Correspondance des Directeurs de l'Académie de France à Rome*, t. I, p. 73 : H. Testelin à Errard, 5 avril 1678. — Claude Nivelon, auteur d'une *Vie de Charles Le Brun*, conservée en manuscrit à la Bibliothèque Nationale, parle du « journal qui est imprimé des conférences de tous ces messieurs » (p. 223). Mais, d'une part, les affirmations de Claude Nivelon sont souvent erronées ; d'autre part, il ne reste aucune trace de ce « journal ». Il n'en est pas moins vrai que Testelin avait dû se préoccuper de réunir des notes sur les conférences, notes que se proposait, sans doute, d'utiliser l'auteur de la *Relation*, et qui ont dû inspirer Jean Rou et Hulst, réservant l'un et l'autre (comme d'ailleurs l'auteur de la *Relation* lui-même) la seconde partie de leur histoire de l'Aca-

paresse, non par dédain, et chaque fois qu'un peintre comme Desportes, ou qu'un amateur comme de Caylus, se fit entendre à l'Académie, on ne se plaignit jamais que ce fût là passe-temps ennuyeux ou besogne inutile.

Les conférences d'ailleurs remontaient aux origines mêmes de l'Académie. L'article IX des statuts prévoyait que les artistes s'entretiendraient entre eux des diverses questions concernant la théorie ou la pratique de leur art. « Il y aura, était-il dit, une étroite union et bonne correspondance entre ceux de l'Académie... Ils se communiqueront les lumières dont ils sont éclairés, n'étant pas possible qu'un particulier les puisse toutes avoir ni pénétrer sans l'assistance dans les difficultés des arts si profonds et si peu connus... Lesdits Académiciens diront librement

démie à « l'établissement des conférences ». (Pour Hulst, consulter aux Archives de l'École des Beaux-Arts le manuscrit portant le n° 5 du catalogue, intitulé : *Plan pour composer l'histoire de l'Académie Royale.*)

Malheureusement les notes de Testelin sont perdues, et nous ne possédons ni la seconde partie de *la Relation*, ni *l'Histoire générale* de Jean Rou, ni *l'Histoire des Conférences* de Hulst, qui sans doute était la suite du manuscrit de 280 pages conservé aux Archives de l'École des Beaux-Arts (n° 3 du catalogue), dans lequel cet écrivain raconte l'origine de l'Académie Royale. Mais la préoccupation de ces divers auteurs témoigne suffisamment de l'intérêt qui s'attacha pendant longtemps aux conférences.

leur sentiment à ceux qui proposeront les difficultés de l'art pour les résoudre, ou lorsqu'ils leur feront voir leurs dessins, tableaux ou ouvrages de relief pour en avoir leur avis. » Sans doute le mot conférence ne se trouve pas dans les statuts ; mais, si l'on compare les prescriptions de l'article IX avec les entretiens mensuels qui eurent lieu presque régulièrement à partir de 1667, on s'aperçoit que ceux-ci étaient en germe dans le règlement de 1648.

Néanmoins il faut reconnaître qu'en dépit de ce texte, il n'existe aucune trace de conférences avant l'époque où s'opéra la jonction de l'Académie et de la corporation des maîtres peintres et sculpteurs, c'est-à-dire en 1653 ; à moins, toutefois, qu'on ne veuille assimiler à ces exercices les improvisations des maîtres corrigeant les dessins de leurs élèves et les initiant de leur mieux aux secrets de la beauté classique. On lit, en effet, dans les *Mémoires inédits de l'Académie Royale de Peinture et de Sculpture*[1], que

---

1. Le manuscrit des Archives de l'École des Beaux-Arts, sur lequel a été copié celui de la Bibliothèque Nationale dont s'est servi A. de Montaiglon, nous apprend de façon certaine que ces *Mémoires* ont été rédigés par Hulst. Mais la source première est la *Relation* anonyme.

ces propos des professeurs « n'étaient d'abord que des avis particuliers ». Mais « c'étaient ensuite des observations plus générales et qui, imperceptiblement, tournaient en dissertations savantes et lumineuses sur les principes du dessin en tant que simple imitation, sur la manière d'enrichir et d'anoblir celui qui se fait, d'après le naturel, des beautés de l'antique, sur le caractère et le mérite de celui des grands hommes de l'école Romaine et de celle de Bologne, enfin sur tout ce qui pouvait avoir rapport à cette partie fondamentale des beaux-arts. »

S'il faut s'en rapporter à ce brillant programme, les élèves durent entendre des leçons d'autant plus intéressantes qu'elles n'étaient pas gâtées, comme le furent parfois les conférences proprement dites, par la recherche et la subtilité. Mais n'oublions pas que Hulst, le rédacteur des *Mémoires*, parle d'après l'auteur de la *Relation* qui, étant académicien, s'attache sans cesse à vanter la science et l'éloquence de ses collègues[1].

1. Paul Lacroix qui, le premier, publia le manuscrit de la *Relation* émit l'hypothèse que cette œuvre pouvait être attribuée à Jean Rou (Cf. *Revue Universelle des Arts*, 1856). Mais l'éditeur même des œuvres de Jean Rou, Francis Waddington, protesta : « Aucun des deux manuscrits de la bibliothèque de l'Arsenal, dit-il, n'est de la

Il est donc probable que les improvisations des professeurs ne furent pas les profonds et féconds aperçus que ce texte nous laisserait supposer.

C'est seulement en 1653 qu'il semble y avoir eu à l'Académie de véritables conférences. La *Relation* nous fournit sur ce point un texte aussi formel que curieux, duquel il ressort que les Académiciens, détestant les maîtres jurés auxquels ils étaient alors réunis, composèrent de pompeuses harangues pour éblouir ou plutôt pour humilier

main de Rou (l'un des deux d'ailleurs a été copié en 1738 par un certain Sauvageot, comme l'indique une note); l'orthographe n'est pas la même, et la dissemblance du style est apparente : le style de Jean Rou est beaucoup plus fleuri, et sa relation contient plus de rapprochements et de comparaisons historiques. Sa préface est toute différente de celle des manuscrits publiés (dans *la Revue Universelle des Arts*), et les citations qu'il nous donne de son propre travail ne se trouvent pas reproduites dans ces *Mémoires.* » Voilà en effet des raisons péremptoires.

Quant à prétendre que l'auteur de la *Relation* fut Testelin lui-même, comme l'a affirmé Anatole de Montaiglon, c'est à peu près impossible. Sans doute une mention des procès-verbaux du mois de février 1771 porte que « le Secrétaire a continué la lecture des mémoires de Testelin rédigés par feu M. Van Hulst. » Mais quelle valeur sérieuse peut-on attribuer à ce procès-verbal postérieur de trois quarts de siècle à Testelin et à la *Relation* ? Or il est bien certain que Testelin, dont nous possédons seulement des *Tables de Préceptes* (les discours qui y sont joints dans l'édition de 1696 ont été publiés après sa mort par un ami) était un illettré. Non seulement Colbert ne voulut pas lui confier, en 1667, le soin d'écrire l'histoire de l'Académie, et chargea Félibien de recueillir et de publier les conférences, mais il suffit de lire les procès-verbaux jusqu'au moment où Guillet de Saint Georges succède à Testelin leurs ignorants adversaires, et pour les amener par cette petite vexation à s'éloigner de l'Académie... « Toutes ces choses, dit la *Relation* qui fait allusion aux difficultés survenues entre les deux sociétés rivales, obligèrent l'Académie de penser au moyen de se délivrer de ces importunités-là. Sur quoi le secrétaire proposa l'exercice des conférences, s'assurant qu'il n'y avait rien de plus propre pour éloigner des assemblées cette troupe d'importuns que d'y établir des raisonnements

pour s'apercevoir que ce dernier est incapable d'écrire une phrase correcte ; or l'auteur de la *Relation* a un style clair, facile, et même élégant : de plus, en jetant un simple regard sur les nombreuses notes manuscrites de Testelin qui sont conservées aux Archives de l'École des Beaux-Arts, on s'aperçoit qu'il savait à peine former les caractères de l'alphabet, et que dans ces conditions il lui était interdit de composer un ouvrage de longue haleine. Enfin quand la *Relation* fut écrite, Testelin devait être mort; car on y lit : « ... ce qui m'oblige par une manière de reconnaissance de rapporter ici leurs noms, afin que l'Académie sache l'obligation qu'elle a *d'honorer leur mémoire*. Ces Messieurs donc étaient M. Le Brun, etc., et le Secrétaire. » Ces mots « honorer leur mémoire » ne peuvent guère s'appliquer qu'à des morts.

Mais, parce que plusieurs fois la *Relation* rapporte des faits que seul pouvait connaître le secrétaire, il me semble incontestable qu'elle a été composée par un familier de Testelin, aux environs de l'année 1700; comme Testelin était très exactement informé, se servait sans cesse pour ses *Tables de Préceptes* et pour les discours parus peu de temps après sa mort, des documents authentiques et du texte des conférences déposés entre ses mains par les auteurs eux-mêmes, il s'ensuit qu'il mérite souvent notre confiance, et que cette confiance doit rejaillir sur la *Relation*, sauf en ce qui concerne les adversaires de l'Académie.

sur la peinture et sur la sculpture; en effet, cette proposition fut reçue et approuvée de tous ceux qui aimaient l'honneur de la profession et la tranquillité des assemblées, tellement qu'il fut résolu que désormais l'on s'entretiendrait dans ces assemblées sur les belles observations de ces arts. Et pour ce que, dans les assemblées ordinaires, l'on était trop interrompu par les affaires de la maîtrise, l'on résolut de prendre des jours particuliers, lesquels on indiqua aux derniers samedis du mois. »

Si ces conférences furent véritablement tenues, on peut dire que leur perte n'est point regrettable; car on imagine aisément ce que durent être de beaux discours sur les « raisonnements » de la peinture et de la sculpture, prononcés tout exprès pour décourager les maîtres-jurés. Il n'y avait certainement là ni la sincérité, ni le sérieux nécessaires aux recherches de la critique d'art; et il faut bien dire que vingt ans plus tard, l'Académie obéissait encore souvent à ce besoin de grandiloquence, qui gâta beaucoup de ses conférences.

Mais, en 1653, y eut-il réellement des entretiens de ce genre, comme le prétend la *Relation?*

L'hypothèse du moins n'est pas corroborée par les procès-verbaux.

Voici en effet quelques textes importants : « Du samedi, 3ᵉ jour de mai 1653. L'on a arrêté qu'il sera dressé une table des principales matières de cet entretien (il s'agit des « sciences et raisonnements des arts de peinture et de sculpture »), et chacun en la Compagnie exhorté d'apporter en l'assemblée suivante leur avis par écrit, pour en icelle et sur les dits avis, former ladite table. » Mais plus de trois mois après, le 30 août, la table des matières n'est pas encore dressée : « D'autant, lisons-nous dans le procès-verbal de la séance, que le temps n'a pu permettre de former entièrement la table des matières concernant la peinture, après en avoir déterminé les quatre parties principales qui sont le trait, le jour et ombre, la couleur, et l'expression, l'on a remis d'en régler les particularités aux assemblées suivantes. »

Est-ce à ces discussions préparatoires que l'auteur de la *Relation* fait allusion dans le passage cité plus haut? La chose est fort possible. Toujours est-il que nous ne trouvons dans les procès-verbaux aucune mention de conférences pendant la période où l'Académie est réunie à la maîtrise; et j'inclinerais à croire qu'après avoir débattu longtemps l'organisation de ces exercices, on ne les pratiqua jamais : d'une part, les artistes n'aiment pas beaucoup à faire œuvre de littérateurs, et, d'autre part, les Académiciens préparèrent de bonne heure une rupture avec la Maîtrise par des moyens tout différents des conférences projetées.

Cependant il convient de remarquer que le règlement du 30 août 1653 prévoit pour ces entretiens une forme absolument semblable à celle qui sera prescrite et pratiquée quatorze ans plus tard sous l'influence de Colbert. Dès le 30 avril, il avait été convenu que « l'on aura un livre particulier pour enregistrer les résolutions qui se prendront dans ces délibérations touchant le raisonnement de la peinture » ; et l'on reconnaît bien là le dogmatisme académique de la fin du XVIIe siècle, qui prétendait imposer aux étudiants et aux artistes des procédés et un idéal nettement déterminés, quel que fût le sujet traité, quel que fût le tempérament de l'auteur. Lorsqu'on se crut à la veille d'inaugurer les exercices, on précisa la marche à suivre, et rien ne met mieux en lumière l'esprit dans lequel on traitait alors, et on traita longtemps encore les questions d'art et d'esthétique, que l'extrait suivant des procès-verbaux :

« L'ordre que l'on tiendra dans les assemblées pour les conférences sur le raisonnement de la peinture sera tel :

« En l'assemblée, chacun ayant pris séance, le secrétaire annoncera le sujet ou matière dont il s'agira de traiter suivant l'ordre de la table, et en cas qu'en l'assemblée précédente l'on n'ait point résolu entièrement un sujet, il dira sur quoi l'on en sera demeuré.

« Sur quoi, l'Ancien qui présidera en ce jour prendra la parole pour demander à chacun leur avis, commençant par celui qui se trouvera le plus éloigné et continuant jusques à lui, lequel aussi dira le sien, pour contribuer chacun à la résolution que ledit Ancien prononcera, et laquelle sera enregistrée.

« Et, s'il se rencontre quelque contestation sur ce qui concerne quelques-unes des sciences que comprend la peinture, l'on aura recours aux livres approuvés ou à des personnes expertes auxdites sciences.

« A l'issue desdites conférences, le secrétaire

dira tout haut le sujet dont il s'agira de traiter en l'assemblée suivante, afin que chacun de la Compagnie se dispose à y apporter ses avis. »

30 août 1653.

H. Testelin.

Tout ce qu'exigera plus tard Colbert se trouve déjà indiqué dans ce document : la discussion, l'exposé des diverses opinions, et enfin la résolution dûment enregistrée qui plus tard devra servir de « précepte positif » à la jeunesse. A noter aussi le respect souverain dont on entoure les « livres approuvés » et les « personnes expertes ». Évidemment le dogmatisme était dans l'air avant la fondation de l'Académie, et ce n'est pas l'année 1648 qui le vit éclore comme par miracle ; je ne serais même pas étonné que Vouet eût été un maître à peu près aussi autoritaire que Le Brun et imbu des mêmes doctrines ; mais les Académiciens, jaloux de leur gloire, crurent qu'ils devaient s'unir pour assurer le triomphe de l'idéal italien, adapté tant bien que mal au génie français, et s'enfoncèrent dans un exclusivisme intransigeant, dont la pédagogie sera pendant de longues années la fâcheuse expression. Dès 1653, les conférences s'annoncent telles qu'elles se réaliseront plus tard, et le règlement qui leur est imposé les voue d'avance à la stérilité et à l'inintelligence des véritables conditions de la création artistique.

Lorsque l'Académie, enfin séparée de la Maîtrise, se fut donné une nouvelle constitution, en 1655, l'article XVII prévit que, « conformément au cinquième article des premiers statuts, l'Académie s'assemblera tous les premiers samedis du mois pour s'entretenir et exercer en des conférences sur le fait et raisonnement de la peinture et sculpture et leurs dépendances. » Mais cet article ne fut pas appliqué, et, le 29 octobre 1657, le procès-verbal constate que « les affaires qui sont survenues à l'Académie ont détourné et interrompu l'exercice des conférences », dont les procès-verbaux postérieurs à 1655 ne font d'ailleurs aucune mention. Il est vrai qu'à cette même séance « il a été arrêté qu'au premier jour on représentera ce qui a été fait sur ce sujet (des conférences) à la Compagnie, laquelle résoudra l'ordre pour en reprendre lesdits exercices. »

Ce premier jour vint-il jamais ? Il est permis d'en douter ; car les procès-verbaux gardent sur les conférences le plus profond silence, jusqu'à ce que les nouveaux règlements de 1664 décrètent à leur tour « que l'Académie s'assemblera tous les premiers et derniers samedis du mois pour s'entretenir et exercer en des conférences sur le sujet de la peinture et sculpture et de leurs dépendances... » L'article V donnait même à entendre que ces exercices pourraient soulever de violentes passions, puisqu'il y est dit que « les propositions seront ouvertes par le secrétaire, pour y délibérer avec ordre, de bonne foi, en conscience, sans brigue, cabale ni passion, mais avec discrétion et sans s'interrompre l'un l'autre. » Il est bien curieux qu'un règlement aussi minutieux ait été élaboré au moment même où les conférences étaient absolument délaissées, à supposer même qu'elles eussent jamais existé à l'Académie. Mais il ne faut pas oublier que les édits de 1664 sont l'œuvre du méthodique Colbert, qui, dès cette époque, est décidé à régenter l'Académie et à la faire contribuer à la splendeur du règne; et l'on peut dire que si les conférences furent réellement pratiquées chez les peintres et sculpteurs, c'est à Colbert seul qu'en revient l'honneur, ou, si l'on préfère, la responsabilité.

Dès 1661, lorsque le chancelier Séguier, protecteur de l'Académie, l'avait choisi comme vice-protecteur, il avait voulu, dit Félibien, « au milieu de ses grands emplois, faire les fonctions de cette charge et prendre connaissance de ce qui se passait dans les assemblées. Ne pouvant s'y trouver aussi souvent qu'il eût bien désiré, il commit M. Dumetz, intendant des meubles de la couronne, et M. Perrault, qui exerça la commission des bâtiments, pour y assister et y porter ses ordres[1] ». Mais comme Dumetz n'entra à l'Académie que le 30 décembre 1663 (sept jours après que Colbert eut approuvé les édits réorganisant l'Académie, qui furent enregistrés en 1664) et Perrault seulement le 4 juin 1665, on peut conclure de ces dates que l'attention du ministre ne fut sérieusement attirée vers l'administration des beaux-arts qu'à partir de 1664, et que c'est surtout en 1664 et en 1665 qu'il commença à s'immiscer réellement aux affaires de l'Académie. Or, dès 1664, les procès-verbaux témoignent que la Compagnie s'est adonnée « aux exercices des conférences », notamment le 3 mai et le 6 octobre.

---

1. Félibien, *Conférences de l'Académie Royale de Peinture et de Sculpture, pendant l'année* 1667.

Si l'on rapproche de ces dates celle où Colbert se rendit pour la première fois à l'Académie (9 janvier 1664), on voit que les conférences furent reprises ou plutôt inaugurées, dès qu'il crut devoir imposer ses vues aux artistes.

Disons tout de suite que nous n'avons aucun renseignement sur ces premières conférences, et que, d'après le témoignage de Félibien, ce n'est qu'en 1667, ou en 1666 au plus tôt, que ces entretiens jetèrent quelque éclat et furent régulièrement suivis. Nous ne savons même si, au cours de l'année 1665, l'Académie ne négligea pas complètement les conférences. Nous serions aussi très mal informés sur celles qui eurent lieu en 1666, si la préface du livre de Testelin, publié en 1696 après sa mort, ne nous avait conservé un discours prononcé par le secrétaire en présence de Colbert. Nous y lisons que, cette année-là, l'Académie ayant résolu de reprendre l'exercice des conférences que divers obstacles lui avaient fait discontinuer, « trouva à propos d'entrer d'abord dans l'examen des choses mêmes par les considérations de quelques ouvrages ou par la lecture des auteurs qui en ont écrit. » Et Testelin nous donne le programme détaillé des travaux qui occupèrent ses confrères : » Léonard d'Avincit (*sic*), auteur célèbre, fut le premier qui se rencontra sous la main où les matières sont mêlées confusément, sur quoi fut agité diverses questions : la première sur l'usage du raccourci, une autre tomba sur l'universalité du contraste. On parla ensuite de l'étude des airs de tête de figures antiques ; enfin on dit quelque chose de la manière de draper les figures et des différentes étoffes. »

On voit donc que ces conférences de l'année 1666 portèrent principalement sur des « raisonnements » des arts de peinture et de sculpture. Il sembla à Colbert que ces sortes d'entretiens pouvaient être d'une grande utilité pour le progrès des étudiants et même des professeurs, à condition, toutefois, que certaines modifications y fussent apportées. C'est pourquoi il proposa, le 9 janvier 1667, de « faire, tous les mois, expliquer un des meilleurs tableaux du cabinet du roi par le professeur en exercice, en présence de l'Assemblée ». Ce jour-là, Colbert indiqua la véritable voie de la critique d'art : étudier l'œuvre des maîtres, y découvrir les lois et les procédés de la beauté, discuter sur les qualités et les défauts des tableaux qu'on a sous les yeux, et non pas « sur le raisonnement des arts de peinture et de sculpture » trop philosophique, trop général, n'était-ce pas là ce qu'on pouvait demander de mieux à des artistes s'entretenant de leur art?

Le projet de règlement qui, trois mois après la proposition de Colbert, fut soumis à son approbation, et ne l'obtint qu'après une lecture attentive et des annotations de la main même du ministre, reproduit les principales dispositions de celui de 1653 : le secrétaire annoncera un mois à l'avance le sujet des conférences ; ceux qui auront pris la parole présenteront un sommaire de leurs observations « à celui qui sera chargé de rédiger les conférences », c'est-à-dire à Félibien qu'on propose au choix de Colbert, sans doute parce que Colbert en avait exprimé le désir, — comme la suite le laissa deviner. — Et enfin on essaie de donner aux « résolutions » une force qu'elles n'avaient pas jusque-là : celle de la raison et presque de l'évidence. « Il serait à propos que les décisions de l'Académie fussent accompagnées des raisons qu'elle a eues de se déterminer dans sa résolution, après avoir apporté et discuté toutes les raisons de part et d'autre, et non pas les donner au public toutes nues et toutes simples ainsi que des oracles que l'on serait obligé de croire, parce que ces matières étant toutes sujettes au raisonnement, il n'y aura personne qui, se trouvant d'une opinion contraire à la décision de l'Académie (fût-il du corps même de l'Académie) qui s'y rende jamais, à moins qu'il voie des raisons et démonstrations, et même une réponse pertinente aux objections qu'il pourrait faire, de sorte qu'il vaudrait mieux ne traiter et ne décider que deux ou trois questions par an, après les avoir bien examinées et approfondies, que de faire un grand nombre de décisions qui ne se trouveraient pas soutenues de démonstrations convaincantes, ou du moins de raisonnements très solides, parce qu'une question bien traitée fera plus de fruits que cent questions qui ne seront traitées que superficiellement. »

Le projet était excellent, aussi libéral qu'on pouvait alors l'espérer, et Colbert en approuva le contenu. Mais la lecture des conférences, faites d'après ce règlement, montre que, si la critique d'art avait été devinée par le vice-protecteur de l'Académie, elle ne devint pas le moins du monde une réalité ; bien plus, le vice-protecteur lui-même, en soutenant Le Brun et en lui confiant une sorte de surintendance des beaux-arts, prouva que sa conception de la critique d'art était toute différente de ce que nous espérions : car personne n'a plus mal parlé de son art que Le Brun, et personne n'a reçu plus de compliments de Colbert.

Remarquons que, dans le projet du mois de mars 1667, il n'est nulle part question du sujet même des conférences. Est-ce pour combler cette lacune, et surtout pour réitérer ses ordres du mois de janvier, que Colbert assista à la séance du 9 avril suivant ? Non, sans doute, puisqu'il vint pour « considérer les œuvres d'un chacun ». Mais le secrétaire note qu' « après avoir entendu le rapport qui lui a été fait des actes de conférence, il a proposé derechef, en confirmant ce qu'il avait ci-devant ordonné au mois de janvier, à savoir de tirer du cabinet du roi les beaux tableaux des habiles hommes, pour expliquer en présence de la Compagnie et des élèves les beautés qui se rencontrent, et que pour cet effet M. Le Brun commencera le premier samedi du mois de mai sur le tableau de Saint-Michel de Raphaël. »

On voit que Colbert tenait à ses idées et savait se faire obéir : on n'imagine guère aujourd'hui le directeur des Beaux-Arts, ou même le ministre, commandant ainsi une conférence à un membre de l'Institut, lui fixant un sujet, et lui accordant trois semaines pour se préparer. Je crois d'ailleurs que c'est Colbert qui avait tort, même s'il avait pris d'avance (ce qui n'est pas sûr) l'avis de Le Brun. Toujours est-il que la conférence eut lieu, qu'elle nous a été conservée par Félibien avec toutes celles de la même année, et qu'à partir de cette date l'Académie se consacra régulièrement à ces exercices, sans jamais en changer la forme, jusqu'à la fin de l'ancien régime.

Mais ce qu'il ne faut pas se lasser de répéter, c'est que seule l'autorité de Colbert vint à bout de l'inertie des Académiciens, enchantés d'assister aux conférences et de prendre part aux discussions, mais n'acceptant que comme une corvée l'obligation de faire le discours d'ouverture, et arrivant volontiers aux séances sans qu'aucun d'eux eût composé ce discours ; ces jours-là la conférence n'avait pas lieu. Colbert fit en sorte qu'on montrât plus de zèle et que les règlements, jadis peu respectés, fussent ponctuellement appliqués. Non seulement il ne vint pas une seule fois à l'Académie, comme le prouvent les procès-verbaux, sans se faire rendre compte des sujets traités dans les conférences, sans encourager la Compagnie à persévérer dans un exercice aussi utile à l'avancement des beaux-arts, sans témoigner enfin sa volonté de le voir toujours en honneur ; mais encore le tout-puissant protecteur déclara nettement à ses protégés, dont la paresse avait fini par le lasser, qu'il se brouillerait avec eux si les conférences n'étaient pas continuées avec la plus rigoureuse exactitude.

C'était en 1669 ; il semble bien qu'à partir du mois d'avril les Académiciens avaient cessé de s'entretenir des beautés de Raphaël, ou du Guide, ou du Poussin. Aussi le 31 août, Colbert se fâcha ; il n'est rien de tel que de suivre le débat dans les procès-verbaux dont la naïveté est savoureuse : « Ce jourd'hui l'Académie assemblée, sur ce que M. Anguier a rapporté que MM. Dumetz et Perrault lui ont fait entendre que Monseigneur Colbert trouvait étrange que la Compagnie ne continuât point les conférences publiques, vu qu'on le voyait tous les jours lui continuer ses bonnes volontés pour elle, et qu'ils lui avaient dit que si l'on abandonnait ces exercices, l'Académie aurait à craindre d'être privée de la présence de ses plus affectionnés amateurs, a été résolu que l'on fera entendre à M. Dumetz et Perrault que l'Académie n'a point été dans le dessein de décesser absolument les conférences publiques, mais bien de chercher les moyens de soulager MM. les Directeurs, auxquels cette fonction a été attachée, de la peine d'en faire plusieurs chaque année, ce qui leur était trop à charge, et qu'ayant délibéré sur ce sujet, la Compagnie avait été d'avis de restreindre lesdites conférences publiques au nombre de six par an, à savoir de deux mois en deux mois, afin que par ce moyen MM. les Directeurs et adjoints ne seraient obligés d'en faire qu'une par an, soumettant la présente délibération au bon plaisir de Monseigneur. »

Le bon plaisir de Monseigneur fut « que l'Académie devait continuer les conférences publiques à l'ordinaire ; après quoi la Compagnie délibèrerait sur les moyens de soulager MM. les Directeurs de faire plusieurs discours en l'année. »

Il y a, dans le grand siècle, tant de gravité et un tel sentiment de l'autorité qu'on ne peut soupçonner un seul instant Colbert d'impertinence : il était le maître et il parlait en maître, pour le bien du royaume. Ce fut Perrault qui signifia la volonté du ministre à la Compagnie. Celle-ci ne fit pas la moindre résistance, et se contenta de décider que les Recteurs ne feraient chacun qu'une conférence par an, et « pour pourvoir au surplus, qu'il serait permis à MM. les autres Officiers et Conseillers d'entreprendre lesdits discours, selon qu'ils se présenteront volontairement. »

Depuis lors, l'Académie ne chercha plus guère à tricher avec les conférences, quoique, le 4 avril 1671, on lise au procès-verbal : « L'Académie assemblée, d'autant que personne ne s'était disposé pour l'ouverture de la conférence, elle a été remise à un autre jour. » Elles eurent lieu assez régulièrement pendant quelques années, et, si l'on veut les étudier avec profit, c'est certainement à la période comprise entre 1667 et 1678 qu'il faut s'attacher. Car les dispositions prises en 1668 pour assurer l'ordre dans la salle prouvent qu'il y avait affluence d'auditeurs ; les sujets traités se renouvelèrent sans cesse pendant dix ans; les Académiciens décidèrent, à différentes reprises[1], que les séances de conférences seraient exclusivement réservées à cet exercice; enfin Colbert prit soin de se faire chaque année résumer par le secrétaire les sujets traités[2]. Il y eut là un zèle et une discipline qui ne se retrouvent plus à la fin du XVIIe et au cours du XVIIIe siècle.

A partir de 1678, soit que Colbert ait suivi de moins près les travaux de l'Académie, soit que les conférences n'eussent pas produit tout ce qu'il attendait d'elles, on constate un certain relâchement dans cet exercice. Le 5 mars, le 24 septembre, le 29 octobre, on lut des ouvrages théoriques, au lieu d'imposer à un collègue l'obligation d'écrire un discours; le 29 janvier de cette même

---

1. Cf. *Procès-Verbaux*. Du 13 mars 1676. — Du 6 février 1677. — Du 25 juin 1678.

2. Ces résumés des conférences forment les six discours insérés dans l'édition de 1696 des *Sentiments des plus habiles peintres du temps, recueillis et mis en tables de préceptes*. Ces discours renferment textuellement des fragments de conférences, ce qui s'explique aisément par ce fait que plusieurs fois (31 décembre 1667, 25 janvier 1670, 17 novembre 1674, 12 décembre 1675), l'Académie ordonna que « lesdits écrits et conférences seront mis ès mains du secrétaire pour être datés et parafés, et les garder comme minutes pour les représenter quand besoin sera ». Beaucoup de passages du discours de Le Brun sur *l'Expression des Passions* se retrouvent dans le discours de Testelin sur *l'Expression*.

année, le 18 mars, le 2 décembre de l'année suivante, on reprit d'anciennes conférences ; on en reprit même en présence du ministre qui écouta la discussion non seulement sans récriminer, mais avec le plus grand intérêt. Aussi on peut dire que la période vraiment productive et originale pour les conférences finit même avant la mort de Colbert.

En 1682, on sent bien qu'il faudrait faire un effort sérieux pour ramener cet exercice à son ancienne splendeur, et Guillet de Saint-Georges, sans doute sur la recommandation de Colbert, insiste sur la nécessité où se trouve l'Académie de « porter ses soins plus avant[1] ». Mais il est trop tard : on continue à relire les anciennes conférences jusqu'à ce que Guillet de Saint-Georges se charge, à partir de 1684 (peu de temps après la mort de Colbert), du soin de composer lui-même presque tous les discours des conférences. C'est ainsi que, pendant plusieurs années, l'Académie entendit ce médiocre critique faire lecture « d'explications allégoriques » sur les tableaux de ses membres[2].

1. Cf. *Mémoires sur la vie et les ouvrages des membres de l'Académie Royale*, t. I, p. 245.
2. Il serait injuste cependant d'oublier que Guillet de Saint-Georges lut un peu plus tard un grand nombre de « mémoires his-

Sans doute l'exercice des conférences ne disparut jamais ; à diverses reprises, on essaya de le remettre en honneur, particulièrement avec de Piles et Coypel ; mais, au moment même où Hulst, de Caylus, Desportes tentaient de lui rendre le plus de vie, ils étaient bien obligés d'avouer qu' « on a toujours vu, comme dit Desportes, de trop longues et trop fréquentes interruptions à cet exercice infiniment convenable, qu'il serait peut-être à souhaiter qu'on pût remettre en vigueur[1] ». Le genre était artificiel ; dès qu'il ne fut plus soutenu par la volonté énergique de Colbert, il tomba naturellement, et c'est ce qui explique comment il ne prospéra guère que pendant dix ans, de 1667 à 1678, comment, dans la suite, si quelques Académiciens arrivèrent encore à prendre la parole, la plupart négligèrent de se faire entendre et se contentèrent d'écouter la lecture des ouvertures de conférences composées autrefois par Le Brun et ses contemporains.

toriques » sur les membres décédés de l'Académie. Ajoutons aussi que Coypel, Monnier et quelques autres composèrent parfois des ouvertures de conférences.

1. *Discours sur les avantages des conférences académiques*, du 4 mai 1748 (N° 166 du catalogue des Archives de l'Ecole des Beaux-Arts).

Qu'était-ce au juste que ces conférences de la bonne époque? Il faudrait bien se garder de croire qu'elles ressemblaient aux discours que nous appelons aujourd'hui de ce nom. Nous n'avons qu'à parcourir, même superficiellement, le recueil de Félibien[1] pour nous rendre compte que le discours prononcé par l'Académicien ne formait que « l'ouverture de conférence », selon l'expression consacrée; cette ouverture de conférence était suivie d'une discussion que nous retrouvons après chaque conférence de Félibien, dont les discours de Testelin nous donnent aussi une idée très juste, et que Guillet de Saint-Georges

1. A peine l'ouvrage de Félibien avait-il vu le jour que tous les Académiciens se plaignaient que leur pensée n'eût pas été convenablement rendue. Colbert, qui avait nommé Félibien historiographe de l'Académie étant venu à l'Académie le 10 avril 1669, confirma « l'arrêté du 26 mai 1668, ordonnant que ledit imprimé (des conférences recueillies par Félibien) sera examiné par l'Académie pour corriger les défauts qui s'y pourront rencontrer, et qu'à l'avenir mondit sieur Félibien ne fera point imprimer desdites conférences qu'il ne l'ait donné à l'Académie pour être examiné en des assemblées particulières convoquées pour cet effet. » (Procès-verbal du 10 avril 1669.) Il ne faut donc pas considérer le recueil de Félibien comme la reproduction fidèle des propos tenus à l'Académie. Mais il est bien certain que la physionomie des séances est convenablement rendue dans son ouvrage, et même que les idées qu'il prête aux interlocuteurs ne diffèrent pas de celles qui avaient alors cours à l'Académie. Il me semble bien qu'il dut y avoir, en 1668, une petite cabale contre Félibien, qui resta historiographe, mais ne fit plus imprimer de conférences.

a quelquefois relatée. Enfin la conférence n'aurait pas été complète si, après cette discussion, l'Académie n'eût formulé une « résolution » qui devait être enregistrée, et servir aux étudiants de précepte positif[1]. Et ainsi la conférence comportait en principe trois parties : l'ouverture de conférence, ou discours composé par un des membres de la Compagnie, la discussion à laquelle chacun pouvait prendre part, et enfin la résolution qui était adoptée soit à la majorité des suffrages, soit plutôt après l'intervention d'un arbitre[2].

Quoique Colbert eût pris soin de définir avec précision la matière même des conférences et l'eût bornée à l'étude des tableaux du cabinet du roi, il est bien certain que le discours com-

1. Cf. sur ce point les Procès-verbaux (30 août 1653, 28 mars 1667, et surtout 15 janvier 1670 et 1ᵉʳ décembre 1674).

2. Colbert lui-même, le 10 octobre 1682, fut prié par l'Académie de conclure le débat qui s'était élevé entre Le Brun et Coypel, et donna son avis auquel tout le monde se rangea aussitôt. Lorsque Blanchard et J.-B. de Champaigne entrèrent en contestation « sur le mérite de la couleur », c'est Le Brun qui trancha le différend. — Guillet de Saint-Georges écrit : « M. Le Brun, modérateur et arbitre de ces savantes disputes, a toujours pris soin d'en bannir la chicane, l'obscurité et l'aigreur. » (*Mémoires sur la vie et les ouvrages...*, t. I, p. 245.) Je ne crois pas qu'il y ait jamais eu de vote véritable à l'Académie : chacun, d'après le règlement, disait son sentiment, et sans doute le Directeur dictait la sentence devant laquelle tous s'inclinaient, au moins officiellement.

posé sur cette matière n'était pas, à ses yeux, la partie essentielle du travail. Ce discours était indispensable pour amorcer la discussion, pour amener les artistes à expliquer les secrets de leur art; mais Colbert ne lui trouvait sans doute pas une grande valeur intrinsèque, puisqu'à partir de 1678 il laissa les acadécimiens relire simplement les « ouvertures » qu'ils avaient composées autrefois. Ne s'intéressant qu'au progrès des élèves, il faisait peu de cas des paroles qui étaient vite oubliées ou dont on pouvait contester l'autorité. Aussi ces ouvertures sont-elles quelquefois très courtes; certaines d'entre elles peuvent se lire à haute voix en cinq minutes; et le 26 mai 1668, l'Académie décidait ce qui suit : « L'ouverture de la conférence se fait par un discours bref sur les remarques et observations de l'ouvrage dont il s'agira, sans s'étendre en des louanges superflues, mais découvrant les défauts qu'il s'y pourrait rencontrer, sur quoi chacun des professeurs dira leurs sentiments suivant leur ordre[1]. » Il est donc bien certain que les discours, auxquels nous pensons tout

---

1. *Procès-verbaux* (26 mai 1668).

d'abord lorsque nous parlons de conférences, étaient ce dont Colbert et peut-être les Académiciens eux-mêmes se souciaient le moins.

D'ailleurs, parmi ceux qui nous restent, beaucoup sont écrits dans une langue fort incorrecte et fort pauvre ; on voit que l'artiste s'est acquitté tant bien que mal d'une tâche pénible pour laquelle il ne se sentait pas fait. Il y a quelquefois un décousu qui tient à ce que l'auteur se préoccupe moins de composer une belle pièce d'éloquence que de réunir le plus de remarques intéressantes possible. Comme il explique à ses auditeurs le mérite d'œuvres qu'ils ont sous les yeux, tantôt il quitte sa place et invite le public à regarder avec lui tel ou tel détail de l'œuvre exposée, tantôt il se rend, semble-t-il, avec ceux qui l'entourent devant d'autres tableaux, tantôt enfin il est interrompu par un confrère, improvise une réponse, et revient au sujet préparé [1]. Bref, c'est moins un orateur qu'un professeur

---

[1]. On lit dans la première conférence de Félibien : « Tous s'approchèrent pour le considérer (le tableau) plus exactement, et tous jugèrent que la chose n'était point dessinée comme le particulier s'imaginait de la voir... » et plus loin : « ce qui fut à l'heure même autorisé par des exemples tirés des tableaux des plus grands maîtres qui sont dans le cabinet de Sa Majesté, et dont l'on examina toutes

désireux d'être utile. Aussi peut-on dire, sans beaucoup d'exagération, que Colbert eût fait bon marché de l'ouverture de conférence, s'il eût vu un autre moyen pour les Académiciens d'initier leurs élèves aux chefs-d'œuvre de la peinture et de la sculpture.

Il était inévitable que nous fussions beaucoup mieux documentés sur les ouvertures de conférences que sur les discussions auxquelles elles donnaient lieu ; car les manuscrits des discours restaient aux Archives de l'Académie ; mais les discussions ne laissaient aucune trace officielle. Cependant nous pouvons les reconstituer aisément, surtout d'après le recueil de Félibien qui reproduit les arguments apportés dans le débat, et cite quelquefois les noms de ceux qui ont pris la parole. L'honnête Testelin ne nomme personne dans ses discours ; mais il indique aussi les objections présentées sur les divers sujets qu'il résume ; et quant à Guillet de Saint-Georges, il offre dans un ou deux de ses récits

les parties qui pouvaient servir à résoudre la question que l'on avait agitée. » On lit également dans Guillet de Saint-Georges (*Mémoires inédits sur la vie...*, t. I, p. 248) : « Dans le temps que M. de Champaigne parlait ainsi, M. Le Brun l'avait interrompu, et, prenant la parole en faveur de M. le Poussin..., M. Le Brun ayant fini de la sorte, M. de Champaigne avait repris la parole... »

des ressemblances assez frappantes avec Testelin pour que nous soyons confirmés dans la confiance due au premier secrétaire de l'Académie. En somme, nous avons le droit de juger la valeur des discussions académiques, et cette valeur, il faut l'avouer, est bien minime. On ergote sur des textes de la Bible, on fait de la scolastique, on touche à peine aux questions de pure esthétique, et on néglige sans cesse d'expliquer en quoi consiste le véritable mérite des tableaux dont on parle. Trois exemples feront mieux comprendre ce que je veux dire.

Le 3 décembre 1667, Sébastien Bourdon ayant parlé des *Aveugles de Jéricho*, du Poussin, un débat s'éleva, non pour savoir si l'artiste avait rendu la scène avec la majesté, la simplicité, le charme que l'on était en droit d'attendre, mais pour établir si le miracle représenté était bien celui de Jéricho et non pas celui de Capharnaüm. Car enfin le Christ guérit deux fois deux aveugles, et Poussin n'a pas spécifié lui-même lequel des deux miracles il a peint. On se chicana donc sur l'heure qu'il pouvait être dans les deux cas, sur l'aspect authentique des deux villes, et on finit par tomber d'accord que Poussin avait représenté les aveugles de Capharnaüm et non ceux de Jéricho.

Il y a bien à craindre que ce jour-là les étudiants n'aient pas fait, comme le désirait Colbert, de grands progrès dans la connaissance de leur art [1].

Le 5 novembre de la même année, Le Brun discourut sur un autre tableau de Poussin représentant les Israëlites qui recueillent la manne dans le désert [2]. La discussion ne porta ni sur l'invention du sujet, ni sur la disposition, ni sur l'expression; mais on se demanda si le peintre s'était conformé scrupuleusement à la vérité de l'histoire, et Le Brun dut défendre Poussin qui s'en était sensiblement écarté. Car « M. Poussin, remarqua-t-on, n'a pas fait dans ce tableau une image assez ressemblante à ce qui se passa au désert, lorsque Dieu y fit tomber la manne, puisqu'il l'a représentée comme si c'eût été de jour et à la vue des Israëlites, ce qui est contre le texte de l'Écriture, qui porte qu'ils la trouvaient le matin répandue aux environs du camp comme

---

[1]. Cf. *Conférences de l'Académie.* Septième conférence.
[2]. Cf. Henri Testelin, *Sentiments des plus habiles peintres...* édition de 1696 : Discours sur l'Ordonnance.

une rosée qu'ils allaient ramasser. » Le même contradicteur reprochait à Poussin d'avoir représenté ses personnages trop tristes et trop abattus ; car, disait-il, « ce peuple avait déjà été secouru par des cailles ».

A cela Le Brun répondit avec esprit et subtilité « qu'il n'en est pas de la peinture comme de l'histoire, qu'un historien se fait entendre par un arrangement de paroles et une suite de discours qui forment une image des choses qu'il veut dire, et représente successivement telle action qu'il lui plaît. Mais le peintre n'ayant qu'un instant dans lequel il doit prendre la chose qu'il veut figurer pour représenter ce qui s'est passé dans ce moment-là, il est quelquefois nécessaire qu'il joigne ensemble beaucoup d'incidents qui aient précédé... que c'est pour cela que M. Poussin voulant montrer comment la manne fut envoyée aux Israélites a cru qu'il ne suffisait pas de la représenter répandue à terre où des hommes et des femmes la recueillent, mais qu'il fallait, pour marquer la grandeur de ce miracle, faire voir en même temps l'état où le peuple Juif était alors... qu'il est vrai que le peuple avait déjà reçu une nourriture des cailles qui était tombée dans le camp ; mais, comme il ne s'était passé qu'une nuit, on peut dire qu'elles n'avaient pu donner si promptement une santé parfaite aux plus abattus... quoique dès le jour précédent Dieu eût promis au peuple par son prophète de lui donner de la viande le soir et du pain tous les matins, toutefois, comme ce peuple était en grand nombre et répandu dans une ample étendue de pays, il n'est pas hors d'apparence qu'il n'y en eût plusieurs qui n'eussent pas encore appris la promesse qui leur avait été faite »...

Il est étrange, en vérité, de penser que des peintres et des sculpteurs, ayant à discuter sur la valeur d'une œuvre incontestablement très belle, se soient attardés à de telles minuties qui n'avaient à peu près aucun rapport avec l'art proprement dit, et relevaient plutôt de l'exégèse que de la peinture.

Et qu'on n'accuse pas Félibien d'avoir dénaturé les idées des Académiciens, puisque ce récit de la discussion sur le tableau des Israélites recueillant la manne nous vient de Testelin. D'ailleurs, pour se convaincre entièrement de la puérilité de ces entretiens, on n'a qu'à relire dans Guillet de Saint-Georges les fameux débats qui s'éle-

d

vèrent en 1668 et en 1682 à propos du tableau de Poussin représentant Eliézer et Rébecca[1]. Philippe de Champaigne, ou peut-être Jean-Baptiste[2], tout en louant cette œuvre, avait exprimé le regret que l'artiste ne se fût pas conformé au récit de la Bible, et n'eût pas représenté les dix chameaux d'Eliézer, ou du moins trois ou quatre.

1. Guillet de Saint-Georges (*Mémoires inédits*, t. I, p. 245 et suivantes). — Testelin (*Sentiments...*, éd. 1696, discours sur l'expression) et Claude Nivelon (*Vie de Charles Le Brun*, p. 224 du manuscrit de la Bibliothèque Nationale) nous ont conservé aussi quelques renseignements intéressants sur la discussion « des chameaux », très nettement résumée par M. Lemonnier (*l'Art Français au temps de Richelieu et de Mazarin*, p. 352).

2. Voici ce qu'on lit sur le manuscrit n° 117 des Archives de l'École des Beaux-Arts : « Conférence par Champaigne le neveu sur le tableau du Poussin : *Rébecca*, 7 janvier 1668. Deux extraits : l'original manque. » Sur un autre feuillet du même manuscrit, on lit encore : « Ancienne conférence lue par M. Champaigne le jeune. » Cependant je ne crois pas que Jean-Baptiste de Champaigne soit l'auteur de la conférence de *Rébecca*. Guillet de Saint-Georges, très au courant des affaires de l'Académie (quoiqu'il n'y soit entré qu'après la mort des deux Champaigne, le 31 janvier 1682), affirme le contraire (*Mémoires sur la vie...*, t. I, p. 245, et *Procès-Verbaux*, 3 octobre 1693, 7 novembre 1693). Et, de plus, quatre mois avant la conférence en question, le 3 septembre 1667, les procès-verbaux nous informent qu'« il a été résolu qu'il n'y aura que MM. les Recteurs et Adjoints qui expliqueront les beautés des tableaux du cabinet du roi. » Or Philippe de Champaigne seul fut recteur, et le premier discours que nous possédions de Jean-Baptiste est du 1er mars 1670, alors que l'Académie, dans la séance du 7 octobre 1669 avait permis à « MM. les autres officiers et conseillers d'entreprendre lesdits discours. » Les annotations du manuscrit semblent donc erronées.

La question offrait un véritable intérêt esthétique : doit-on, par respect pour les livres saints, représenter les scènes qu'ils décrivent sans y rien changer? doit-on faire disparaître tout ce qui pourrait nuire à la gravité et à l'unité du sujet? On imagine volontiers Philippe de Champaigne expliquant que les chameaux, ridicules aux yeux de Le Brun, pouvaient, grâce au talent du peintre, s'harmoniser avec la plus noble ou la plus aimable scène, et que le peintre n'avait qu'à bien comprendre la poésie de la Bible et à connaître son métier, pour faire accepter du spectateur tous les objets que les livres saints ne craignent pas de nommer. Au lieu de cela, de quoi fut-il question à l'Académie? De savoir si par hasard Poussin n'aurait pas trouvé le moyen de se conformer exactement au récit de la Bible, tout en se débarrassant des chameaux ; et on tomba d'acord de ceci : c'est que « la Genèse marque expressément que Rébecca, ayant donné à boire au serviteur d'Abraham, <u>courut</u> au puits une seconde fois, et y puisa de l'eau pour ses chameaux, ce qui marque la distance qu'il y avait entre les chameaux et le puits ». Donc Poussin n'avait pu faire entrer dans sa toile les chameaux, trop éloignés du puits au bord duquel se tenaient Eliézer et Rébecca[1].

N'est-il pas permis, après cela, de trouver que les discussions de l'Académie n'ont pas tenu ce qu'on en pouvait espérer, et qu'elles révèlent des préoccupations bien étrangères à la véritable critique d'art? C'est en vain que Colbert voulait « que les décisions de l'Académie fussent accompagnées des raisons qu'elle a eues de se déterminer dans sa résolution, après avoir apporté et discuté toutes les raisons de part et d'autre... parce que ces matières étant toutes sujettes au raisonnement, il n'y aura personne qui, se trouvant d'une opinion contraire à la décision de l'Académie (fût-il du corps même de l'Académie), qui s'y rende jamais, à moins qu'il voie des raisons et démons-

---

1. M. Lemonnier (*L'Art Français...*, p. 352) dit que Philippe de Champaigne, à l'Académie, « osa presque seul plaider parfois la cause du réalisme ». En admettant même que le contradicteur de Le Brun, dans la fameuse discussion du tableau de Rébecca et d'Éliézer, ait été Philippe de Champaigne, je ne crois pas que ce soit par amour du réalisme qu'il ait reproché à Poussin de n'avoir pas peint les chameaux dont parle la Bible ; car ses ouvertures de conférences prouvent que son idéal ne différait pas de celui de Le Brun. Mais il estimait sans doute qu'on n'a pas le droit de changer quoi que ce soit aux récits bibliques, et que c'était au peintre à les représenter dans toute leur vérité, sans pour cela rien diminuer de leur poésie et de leur beauté. Il obéissait plutôt à un scrupule d'homme pieux et ami des jansénistes qu'à une conception artistique opposée à celle de ses contemporains.

trations, et même une réponse pertinente aux objections qu'il pourrait faire[1] ». Les raisons apportées par les artistes sont loin d'être topiques, et ne convainquent que les hommes de bonne volonté. D'ailleurs, pour le dire en passant, Colbert se souciait moins de laisser à chacun la liberté de son opinion que d'amener, par raison ou même par force, tout le monde à adopter le même idéal. Il voulait que l'on discutât, mais pour qu'il fût bien établi que la seule beauté était celle dont les Italiens avaient inventé la recette, et que le seul moyen de la réaliser était d'obéir à ceux qu'il avait chargés de créer en France cette beauté. Aussi est-il probable qu'au-dessus des discussions de l'Académie, il mettait encore les « résolutions » qu'elle avait le devoir de former et d'enregistrer après chaque conférence.

Les procès-verbaux témoignent que Colbert ne vint pas une seule fois à l'Académie sans se faire donner lecture du résumé des conférences, et sans engager les artistes à arrêter des « résolutions » qui pussent servir de règles aux étu-

---

[1]. Procès-verbal du 26 mars 1667. — Voir aussi le procès-verbal du 25 janvier 1670, où Le Brun veut que le secrétaire note les arguments développés dans les discussions.

diants. Homme pratique, il veut former des artistes; comme il considère que le meilleur moyen pour faire des progrès dans la peinture et la sculpture, c'est de profiter de l'expérience des maîtres, il exige que les maîtres consignent dans un véritable livre de préceptes le fruit de cette expérience, et imposent aux élèves leur idéal et leurs procédés. C'est pourquoi Henri Testelin compose ses Tables de Préceptes dont il donne lecture en présence de Colbert dans les séances solennelles de l'Académie; c'est pourquoi aussi Guillet de Saint-Georges, dès qu'il fut nommé par le tout-puissant ministre historiographe de l'Académie « marqua d'abord que l'Académie allait recommencer avec application ses conférences interrompues depuis quelque temps, et que même elle prétendait les rendre plus utiles à ses écoliers que n'avaient été les précédentes; car jusqu'ici elles ont été bornées à des réflexions générales; mais elle se propose d'en tirer à l'avenir des préceptes positifs et des maximes formelles prises dans le sujet essentiel des ouvrages qu'elle examinera[1] ». Ainsi Guillet

1. Extrait d'une assez longue note jointe au cahier qui contenait la conférence de Ph. ou de J.-B. de Champaigne sur le tableau

de Saint-Georges semblait ne pouvoir mieux reconnaître la faveur de Colbert qu'en insistant sur l'effort qu'il se proposait de faire pour « tirer des préceptes positifs et des maximes formelles » de chaque échange de vues qui aurait lieu entre les membres de l'Académie. Il allait même jusqu'à laisser entendre que ce travail n'avait jamais été convenablement fait, quoique les discours de Testelin semblent témoigner du contraire[1].

Malheureusement Guillet de Saint-Georges, malgré ses excellentes dispositions du début, ne nous a pas laissé la série de ces résolutions qu'il déclarait si avantageuses aux étudiants. Il s'est contenté de nous rapporter celle qui fut adoptée par l'Académie, le 10 octobre 1682, à l'issue du débat sur le tableau d'Éliézer et Rébecca. Colbert, prié de mettre fin à la discussion qui s'était

d'Éliézer et de Rébecca. La conférence n'existe malheureusement pas aux archives de l'École des Beaux-Arts (N° 117 du catalogue des manuscrits). — Le texte cité se rapporte à la séance du 10 octobre 1682.

1. *Mémoires sur la vie et sur les ouvrages...*, t. I, p. 245 : » L'année 1667, le public vit paraître au jour quelques-unes de ces dissertations (conférences) à la vérité savantes et curieuses, mais conçues en termes vagues et en questions indécises, sans aucune délibération de l'Académie et sans aucun précepte positif, ce qui doit à l'avenir en faire le prix. »

élevée entre Le Brun et Coypel, s'était d'abord récusé ; mais, ne pouvant se dérober aux instances des Académiciens, « il dit que, sans prétendre donner aucune décision sur cette matière, sa pensée était que le peintre doit consulter le bon sens, et demeurer en liberté de supprimer dans un tableau les moindres circonstances du sujet qu'il traite, pourvu que les principales y soient expliquées suffisamment. L'Académie demeura pleinement persuadée de la force et de l'autorité d'un sentiment si judicieux, et y déférant avec autant de joie que de respect, elle a voulu qu'il soit pris à l'avenir pour un précepte positif et s'est fait un plaisir et un honneur de signer ce résutat. » Ne croyons pas qu'il y ait eu là la moindre flatterie à l'égard de Colbert: les autres « résolutions » qui nous sont parvenues démontrent que le ministre n'avait pas été inférieur aux Académiciens.

Voici en effet le « projet d'un précepte » élaboré par Louis Boulogne comme conclusion d'une de ses conférences :

« Les peintres, étant quelquefois obligés de satisfaire les personnes qui leur commandent un tableau, se trouvent réduits à faire une composition contraire à l'histoire et à l'ordre des temps. L'Académie leur recommande d'éviter ces périls autant qu'il leur sera possible, et, quand ils seront maîtres de leurs ouvrages et qu'ils auront la liberté de la composition, elle les croit inexcusables s'ils choquent l'histoire et la chronologie ; mais elle croit leur faute bien plus honteuse, si, venant à traiter un sujet de dévotion, ils y mêlent des circonstances et des choses étrangères capables de choquer les personnes pieuses et de donner prise aux libertins [1]. »

Il n'est pas établi que ce projet de précepte ait été adopté par l'Académie ; mais la chose est probable, puisque Guillet de Saint-Georges a cru devoir nous transmettre la conférence et le projet ; et l'on se demande quel profit sérieux pouvaient retirer les peintres de préceptes aussi superficiels.

Les discours de Testelin ne contiennent pas de résolutions nettement désignées sous ce nom, et séparées de l'ensemble de l'œuvre ; mais il semble bien que les mots : « on tomba d'accord, on exhorta, l'Académie conclut » font allusion à

---

[1]. *Mémoires inédits sur la vie...*, t. I, p. 209. — La conférence de Louis Boulogne est de l'année 1670.

des décisions prises en commun, et constituant les résolutions qui devaient être enregistrées dans un livre spécial. Or ces préceptes positifs ou bien sont dangereux, ou bien sont assez inutiles. C'est ainsi qu'on lit dans le discours sur l'Usage du trait : « On tomba d'accord que l'étude des belles figures antiques était très nécessaire dans le commencement et même plus avantageuse que le naturel... A l'égard des plus avancés, on les exhorta de joindre la théorie à la pratique, d'examiner les raisons qu'ont observées les auteurs des beaux ouvrages antiques qui se sont servis de la géométrie pour les proportions, de l'anatomie pour apprendre l'ostéologie, la situation, la forme et le mouvement des muscles extérieurs seulement ; de la perspective, de la physique et de la physionomie pour connaître les divers caractères des complexions et des passions ; car il faut savoir toutes ces choses pour donner bien à propos ces charges d'agrément en quoi consiste le grand goût. »

Dans le discours sur l'Expression, Testelin note avec soin, conformément au petit ouvrage de Le Brun, chacun des mouvements du corps ou du visage dans telle ou telle nuance du sentiment ;

mais toute la valeur des observations qu'il rapporte est ruinée par cette conclusion : « L'on remarqua pour la fin qu'il n'est pas possible de prescrire précisément toutes les marques des différentes passions... qu'ainsi le peintre doit avoir égard à toutes ces différences pour conformer les expressions des passions au caractère des figures, à la proportion et aux contours. »

Enfin, dans le discours sur l'Ordonnance, le précepte est empreint d'une sorte de scepticisme : « L'Académie conclut qu'il n'était pas possible de prescrire des règles sur la forme des ordonnances parce que chacun y doit agir selon la disposition et la force de son génie... que le conseil qu'on pouvait donner aux étudiants se réduisait à ces trois chefs, à savoir : premièrement de bien étudier les histoires dans les meilleurs auteurs, afin d'en bien comprendre les idées principales et les parties essentielles ; secondement de ménager discrètement le contraste en toutes les parties de son dessin pour en former une agréable harmonie à la vue, et enfin de s'attacher aux beaux exemples des plus excellents ouvrages, afin de se remplir l'esprit de belles idées pour s'en servir dans la construction des ordonnances. »

Il est bien difficile, après ces citations contenant à peu près toutes les résolutions qui nous sont parvenues, de leur reconnaître une réelle valeur. Le seul avantage qu'elles aient eu, c'est d'être, en somme, assez peu dogmatiques, et, par suite, de n'avoir pu façonner les artistes aussi tyranniquement que l'eût voulu Colbert. Mais c'est là un mérite négatif et, en tous cas, directement opposé à celui qu'on espérait.

Si l'on porte un jugement d'ensemble sur l'importance des conférences académiques au xviie siècle, on est amené à constater qu'elles ont égaré la critique d'art pendant plus d'un siècle, jusqu'au moment où Diderot rendra le mouvement et la vie aux observations et aux discussions artistiques. Sans doute Colbert avait eu raison d'engager ou même d'obliger les Académiciens à examiner les tableaux du roi et à en expliquer les mérites ; car c'était leur ouvrir la vraie voie de la critique, et les ramener des théories générales, hasardeuses et contraires à leur génie, aux applications pratiques des vertus qu'ils doivent rechercher. Il avait eu raison également d'attacher moins d'importance aux « ouvertures de conférences » qu'aux échanges d'idées qui constituaient réellement la conférence. Et l'on peut dire que si un souffle de liberté avait passé sur ces nobles exercices, ils eussent été réellement utiles et intéressants.

Mais ni Colbert n'était homme à accorder aux artistes le droit de travailler selon leur caprice ou leur tempérament, ni les artistes eux-mêmes, tout pleins de l'esprit dogmatique du siècle, ne concevaient l'art comme un effort personnel et spontané vers un idéal variant avec chaque individu. De même que le ministre voulait que tous les artistes conspirassent à embellir les maisons royales conformément à un type de beauté unique, sinon uniforme, de même les Académiciens étaient persuadés que la beauté se réalise par l'application à observer les règles et à s'adapter au goût Italien de l'époque. Les conférences restèrent toujours froides et sans vie, parce qu'elles furent toujours comprises comme des leçons à des élèves, leçons dans lesquelles le professeur ne cherchait pas à s'exprimer lui-même.

De là vient que les discussions, au lieu de porter sur des sujets intéressant les artistes dans la pratique même de leur art ou dans les conceptions picturales ou sculpturales, s'attachèrent à des subtilités théologiques ou scolastiques, comme dans le fameux débat sur le mérite de la couleur, ou dans la non moins fameuse controverse sur les chameaux d'Eliézer. Les préoccupations des Académiciens, dont cette fois on ne peut rendre Colbert responsable, révèlent l'importance qu'ils attachaient à la pédagogie, à la méthode, au procédé, et l'oubli où ils étaient du vrai principe de la beauté artistique, c'est-à-dire du besoin pour l'artiste de rendre sa pensée propre avec sincérité, simplicité et émotion. Il n'y a pas, dans les querelles mêmes de l'Académie, un mot qui rappelle les belles luttes de principes d'un Ingres, d'un Delacroix ou d'un Millet. Au fond, tout le monde est du même avis sur les points essentiels, et les chicanes toutes théoriques n'entraînent pas de grosses différences dans la pratique de la peinture.

Quant à la déplorable condition imposée par Colbert aux Académiciens de conclure les conférences par des préceptes positifs, on ne saurait trop la blâmer, si d'une part elle avait toujours été appliquée, si d'autre part elle avait exercé une influence directe sur la jeunesse. Mais les « résolutions » semblent avoir été souvent négligées par les Académiciens ; celles que nous connaissons sont assez anodines ; et enfin les étudiants qui oubliaient de s'y conformer n'étaient pas pour ce crime exclus de l'Académie. Il en fut des résolutions de l'Académie comme de beaucoup d'institutions de l'ancien régime : elles furent plus tyranniques dans l'esprit que dans le fait; l'autorité elle-même se lassait de se faire respecter.

Aussi convient-il d'étudier avec soin les conférences académiques comme une des expressions les plus significatives et les plus curieuses de la conception artistique du xviie siècle ; mais je doute qu'on y trouve d'excellents modèles de critique d'art et qu'elles ajoutent grand'chose à la gloire des hommes illustres qui y prirent part.

A. F.

PREMIÈRE PARTIE

LA QUERELLE DU DESSIN ET DE LA COULEUR

PREMIÈRE PARTIE

LA QUERELLE DU DESSIN ET DE LA COULEUR

Les conférences suivantes de Blanchard et de Jean-Baptiste de Champaigne montreront, mieux qu'un récit ne pourrait le faire, combien fut vive, vers 1671, la querelle du dessin et de la couleur. Les conférences de de Sève et de Desportes prouveront à leur tour que la question ne fut pas définitivement close le 9 janvier 1672, jour où Le Brun déclara solennellement son sentiment.

En lisant les discours prononcés à l'Académie en 1671, on serait tenté de croire que le hasard seul fit naître la querelle entre dessinateurs et coloristes. Il semble en effet que Philippe de Champaigne, en faisant l'éloge de la Sainte Famille du Titien, n'ait pas songé à critiquer indirectement quelques-uns de ses collègues, que Blanchard en lui répondant n'ait pas, malgré la fermeté de son plaidoyer, entamé une véritable polémique, et que le débat se soit aigri par le seul choc inévitable des idées. On a cette impression que, si Philippe de Champaigne n'avait pas prononcé son discours, jamais la paix de l'Académie n'eût été troublée. Rien n'est plus faux cependant que cette impression, et il importe de l'établir ici très nettement, afin que le lecteur comprenne mieux la portée des paroles de Champaigne et de Blanchard, afin aussi qu'il se rende compte de la haute politesse avec laquelle, au xvii° siècle, s'engageaient les plus vives discussions.

En réalité, la querelle du dessin et de la couleur est antérieure à 1671. Elle prit naissance le jour où Rubens trouva en France des admirateurs assez enthousiastes pour le comparer, sinon l'opposer, aux peintres Italiens et surtout à Raphaël. Il n'était même pas nécessaire de parler de Rubens pour éveiller la susceptibilité de certains artistes : Titien leur était suspect, et alors même qu'on le déclarait inférieur à Raphaël, ils craignaient qu'on se laissât séduire par la dangereuse « magie de son pinceau », par son trop « charmant coloris ». Il s'ensuivit qu'en face des amis de Poussin, Fréart de Chambray, puis Le Brun, se forma peu à peu un autre parti dont les plus fougueux défenseurs furent sans doute Roger de Piles et Gabriel Blanchard.

Lorsqu'en 1668 parut le poème de Dufresnoy sur la peinture, Roger de Piles s'empressa d'en donner une traduction accompagnée de longues remarques. Déjà le poème de Dufresnoy accordait au coloris une part plus large que ne l'avaient fait Fréart de Chambray, l'ami de Poussin, et Perrault, l'ami de Le Brun, dans leurs ouvrages sur le même sujet; sans être révolutionnaire, Dufresnoy devenait inquiétant. Roger de Piles, quelquefois assez dur pour Poussin, ne dissimula pas sa sympathie pour Titien et Véronèse, ou même pour Rubens et Van Dyck; ce fut un scandale; à partir de ce jour, la guerre commença ouvertement.

C'est certainement à ces discussions entre partisans et adversaires de la couleur, que Guillet de Saint-Georges fait allusion, lorsqu'il parle des événements qui obligèrent l'Académie à interrompre ses conférences, et s'emporte contre des « particuliers d'autant plus dangereux pour l'Académie, qu'ils venaient triompher dans le poste même qui avait été choisi pour les détruire[1] ». Cette phrase donne à entendre que, dans les réunions académiques, il y eut, au moment où parut le livre de Roger de Piles, quelques escarmouches. Roger de Piles n'était pas de l'Académie; mais Blanchard en était, et la jeune école dut sans doute malmener un peu l'ancienne, selon l'éternelle coutume.

Dans ces conditions, l'ouverture de conférence du 12 juin 1671, dans laquelle Philippe de Champaigne, tout en louant le Titien, déclare que faire

1. Mémoires inédits sur la vie et les membres de l'Académie Royale, t. I, p. 247.

de la couleur « sa seule étude, c'est se tromper soi-même, c'est choisir un beau corps, se laisser éblouir de son éclat et ne se pas mettre assez en peine de ce qui doit animer cette belle apparence, qui ne peut subsister seule, quelque beauté qu'elle puisse avoir », un tel discours donc devait mettre le feu aux poudres.

De fait, Blanchard se sentit touché, et essaya, après avoir préparé son discours pendant cinq mois, de prouver qu' « un peintre n'est peintre que parce qu'il emploie des couleurs capables de séduire les yeux et d'imiter la nature ». Il n'y eut, dans tout son discours, rien de blessant pour Philippe de Champaigne; mais le neveu de ce dernier, croyant l'honneur de la famille en jeu, demanda la permission de répondre à Blanchard et l'obtint. Il fit paraître quelque animosité contre son adversaire, et il est visible que la lutte, quoique courtoise, fut chaude. Le Brun, pour qui Blanchard était plein de respect, remplit le rôle d'arbitre le 9 janvier 1672, et se prononça en faveur de Philippe et de Jean-Baptiste de Champaigne.

Mais la lutte n'était pas éteinte, et il est bien regrettable que nous ne puissions retrouver le discours que prononça Blanchard (sans doute le premier samedi de décembre de cette même année 1672[1]), « sur le sujet de la disposition des cou-

1. Voir le procès-verbal du 26 novembre.

leurs et de leurs propriétés ». Il est probable que l'enthousiaste admirateur du Titien ne fit pas amende honorable ; car cinq ans après (le 6 mars 1677) un partisan du dessin, de Sève le jeune, faisant allusion à la discussion passée, déclara que « *dans la suite des conférences*, on ne laissa pas, en parlant de l'étroite obligation du peintre, de vouloir faire passer cette partie de la couleur comme la principale de la peinture. » En tout cas, les coloristes continuèrent de répandre leurs idées, puisque de Sève ne prit la parole que pour les attaquer à propos d'un petit ouvrage de Roger de Piles intitulé : « Conversation sur la couleur. » Il le fit avec quelque dépit ; cependant il ne semble pas qu'on lui ait répondu ; mais le débat ne fut pas terminé pour cela.

Nous voyons en effet que le 3 août 1680 « la Compagnie a trouvé bon de suivre au premier jour les mémoires des conférences qui ont été faites sur la couleur[1] ». Entre temps, la conférence avait « été tenue sur le sujet des couleurs sur la lecture de Léonard de Vinci » (5 mars 1678) et « sur l'effet des couleurs » (2 avril 1678). A noter enfin que, le 4 février 1679, « le secrétaire fait lecture d'une table qu'il a composée sur la couleur ». Or on sait que ces « tables de préceptes » de Testelin sont une sorte d'abrégé des sentiments de l'Académie sur

1. Procès-verbaux.

les sujets le plus souvent traités dans les conférences.

On peut donc dire que la querelle du dessin et de la couleur, née avant le débat de 1671, dura bien longtemps après lui. Nous la retrouvons encore à l'Académie, vers la fin de 1683[1], lorsqu'on relit les discours de Philippe de Champaigne et de Blanchard ; puis, en 1697[2], ces mêmes discours servent encore « de sujet d'entretien », et il est permis de croire qu'à cette dernière date, grâce aux continuels efforts de Roger de Piles, grâce aussi à la valeur médiocre des œuvres exécutées d'après l'ancienne formule, la conférence de Blanchard eut plus de succès que celle de Jean-Baptiste de Champaigne. Pendant tout le xviii° siècle, le parti des coloristes ne cessa de recruter des partisans de plus en plus nombreux, et on peut dire que la conférence de Desportes, par laquelle nous terminons cette première partie, résume bien l'opinion générale sur la question, vers 1750.

Nous apportons donc ici quelques documents nouveaux qui contribueront à faire plus exactement connaître non seulement l'histoire d'une théorie, mais l'histoire de l'art Français pendant près d'un siècle.

1. Voir les procès-verbaux du 6 novembre et du 4 décembre.
2. Voir les procès-verbaux du 9 février et du 2 mars.

CONFÉRENCE
DE M. DE CHAMPAIGNE L'ONCLE

SUR UN TABLEAU DU TITIEN REPRÉSENTANT LA VIERGE,
L'ENFANT JÉSUS ET SAINT JEAN-BAPTISTE

Le 12 juin 1671 [1]

Il me semble, Messieurs, que ce tableau du Titien mérite bien d'être le sujet de notre entretien, et sans doute il y a sujet d'en tirer l'utilité que nos supérieurs se proposent de nos conférences, qui est qu'elles nous servent à nous élever et nous exhausser tout ensemble à l'avancement de notre profession.

Le sujet de ce tableau, comme il se voit, est d'une Vierge assise qui tient le petit Jésus. Saint Jean-Baptiste semble faire avancer son agneau vers cette sainte qui est comme assise à terre, laquelle vraisemblablement est représentée pour sainte Agnès. Les nus de ces figures ont un air admirable; quoique

---

1. De la main de Guillet de Saint-Georges : relu le samedi 6 novembre 1683. Les procès-verbaux nous apprennent qu'au XVIIe siècle ce discours fut relu aussi le 3 août 1680; car ce jour-là l'Académie « ayant repris la lecture d'un mémoire qu'a laissé défunt M. Champaigne, a trouvé bon de suivre au premier jour les mémoires des conférences qui ont été faites sur la couleur en cette occasion ». Une autre lecture eut lieu encore le 9 février 1697.

le ciel soit clair et que le paysage ne soit pas brun, cependant les carnations font un effet incomparable, et ont plus d'éclat que beaucoup de coloris qui sont avantagés par des fonds tout bruns, ce qui est un effet de cette possession extrême d'une belle manière de peindre que cet homme possédait au plus haut degré. Le petit Jésus est charmant; cette jambe droite avance tout à fait bien, et il me semble que la tête de cette sainte, avec le petit Jésus, sont, à mon avis, les plus excellentes parties de ce rare tableau. Car il faut tomber d'accord qu'il ne se peut rien voir de plus tendrement fini et qui tient le plus du grand dans l'art de peindre, et il me semble que ce rare et savant coloriste a joint et ramassé dans son pinceau tout ce que l'on peut désirer pour bien peindre.

Ne faut-il pas avouer que ce paysage est extraordinairement beau? Il est coloré et traité de la même force que les figures, sans affectation de le tenir brun pour le faire paraître, en sorte qu'il semble que le clair et l'éclatant proche et derrière les carnations aient fait un pacte et un accord particulier avec ce savant imitateur de la nature pour ne se pas nuire les uns aux autres. Car l'on voit qu'il ne s'est pas soucié de fuir tout ce que l'on fuit d'ordinaire, de crainte de ne pas faire paraître les chairs. Pour lui, il ne s'en est pas mis en peine en bien des rencontres, comme il se voit par cette terrasse d'un jaune clair derrière la tête de la sainte, qui est une couleur qu'on évite d'ordinaire d'opposer aux carnations. Cependant vous voyez ici que cette rencontre, où il joint encore un troupeau de moutons, ne nuit nullement à l'éclat de la belle couleur de la tête de ladite sainte, ce qui est sans doute un effet de la grande et surdominante étude qu'il faisait de la diminution des couleurs, qu'il observait avec une pratique si juste qu'il rendait ses tableaux comme une seconde nature.

L'on ne pourrait entreprendre de vouloir ôter cette surprenante qualité du charmant pinceau du Titien, sans faire une grande injustice et se rendre méconnaissant d'un don qu'il a eu si particulièrement du Ciel que nul autre ne l'a égalé. Il faut avouer qu'il était né avec ce génie, et jamais les autres qui n'ont pas eu en partage ce beau don de la nature comme lui, nonobstant tous leurs efforts, ne l'ont pu égaler.

Quant aux proportions et la correction des figures, il semble que ce n'était pas la partie qui l'a le plus occupé dans ce tableau : les jambes de la Vierge paraissent, à la vérité, courtes, et le contour depuis la ceinture de la sainte jusqu'au pied, fait un peu de peine, le ventre n'étant pas distingué. Ce sont bien des effets qui se peuvent rencontrer par les draperies qui souvent confusent le nu : les voulant imiter dans ces accidents, quoique l'on suive la nature, l'on ne sait pas ce qui peut se trouver de beau en elle quand on le cherche bien. Il est vrai que cette recherche est ce qui donne beaucoup de peine, et comme c'est en elle que consiste l'une des plus belles parties du peintre, qui est la correction et la justesse des proportions, c'est aussi ce qui doit occuper le plus ; car cette partie est plus à acquérir par l'effort de l'étude qu'à l'attendre de la nature.

Car l'expérience nous fait voir, comme tout le monde en demeure d'accord, qu'il est vrai qu'il y a peu de peintres corrects, et il s'en trouve bien plus qui ont un beau faire en traitant les couleurs, parce que plusieurs s'appliquent naturellement à cette belle couleur par une pente qu'ils ont en eux-mêmes pour ce bel éclat extérieur qui leur touche le cœur. Ce n'est pas que cette partie ne soit très nécessaire ; mais l'étudier plus que le principal et en faire sa seule étude, c'est se tromper soi-même, c'est choisir un beau corps, se laisser éblouir de son éclat et ne se pas mettre assez en peine de ce qui doit animer cette belle apparence, qui ne peut subsister seule, quelque beauté qu'elle puisse avoir, parce que la beauté d'un corps ne fait rien à sa vie, si l'âme et l'esprit ne l'animent.

Pour justifier mon dire par l'exemple d'un des plus rares peintres de notre siècle dont les œuvres font l'admiration continuelle de la Compagnie, qui est M. Poussin, ses premières études ont donné dans les belles couleurs ; voulant presque forcer son génie, qui avait beaucoup d'ouverture pour le solide, à suivre cet éclat extérieur, il ne laissa pas d'en acquérir une portion ; quoiqu'il ne s'y fût pas abandonné comme à l'unique sujet qui lui échauffait le cœur, néanmoins il fit une course de quelques années dans la carrière des coloristes ; mais s'étant détrompé, il revint d'une telle façon qu'il a dit hautement depuis que cette étude unique n'était qu'un obstacle visible et un écueil inévitable aux jeunes gens pour parvenir au véritable but de la peinture, soutenant par des raisons invincibles que qui s'attache au principal et au solide de la peinture acquiert toujours en pratiquant une assez belle méthode de peindre, sans qu'il soit nécessaire de s'entêter de cette partie seule.

P. DE CHAMPAIGNE.

Prononcé par M. de Champaigne en l'Assemblée générale de l'Académie le douzième jour de juin 1671.

H. TESTELIN.

CONFÉRENCE DE M. BLANCHARD

SUR

LE MÉRITE DE LA COULEUR
du 7 novembre 1671 [1]

Les conférences de l'Académie ayant été établies pour chercher la vérité et nous éclaircir de nos doutes, trouvez bon, Messieurs, que je vous propose les miens (au sujet du mérite de la couleur).

J'ai douté longtemps si je devais remettre sur le tapis cette même matière. Mais, après y avoir bien pensé, et la chose qui est d'une assez grande conséquence n'ayant point été, à mon avis, assez agitée ni soutenue de part et d'autre, j'ai cru que je le pouvais faire, et qu'étant, Messieurs, zélés et bien intentionnés pour l'Académie, bien loin de m'en savoir mauvais gré, vous seriez les premiers à me donner du courage et à m'aider de vos avis.

Vous voyez bien, Messieurs, que c'est le mérite de la couleur que je veux vous proposer, et je tâcherai de le faire en très peu de paroles, afin que chacun

---

1. Note manuscrite du xviii° siècle : « Bien fait et bon à employer tel qu'il est. » Le cahier ne renferme en effet aucune rédaction nouvelle. — Ce discours célèbre fut relu, au xvii° siècle, probablement en 1680 et certainement le 4 décembre 1683, probablement aussi en décembre 1691 ou janvier 1692, et certainement le 2 mars 1697.

ait le temps de se faire entendre et dire ce qu'il pense sur ce sujet.

1. Mais avant que d'entrer en matière, je vous prie, Messieurs, d'être bien persuadés que l'esprit qui m'anime dans ce discours n'est point celui de contradiction, non plus que de mépris pour le dessin. Au contraire, je l'estime justement, et comme une partie d'autant plus belle qu'elle est difficile à acquérir. Et, sans qu'il soit besoin de m'en expliquer davantage, les restes de sculpture que nous avons de l'antiquité nous en font un assez digne éloge.

2. Je n'ai donc point d'autre motif en ceci que de m'instruire si vous jugez mes raisons bonnes, ou de me désabuser si vous les trouvez mauvaises ; et je suis d'autant plus obligé d'être dans ces sentiments que ce que j'entreprends est au-dessus de mes forces, et que je ne suis qu'un jeune homme qui m'aperçois à peine de ce que c'est que la peinture, et qui tiens à grand honneur la commission que vous m'avez bien voulu donner d'ouvrir cette conférence et d'en proposer le sujet.

3. Vous savez, Messieurs, que l'on proposa dernièrement la couleur, et je vous avoue que je portais avec impatience ce qui en fut dit en présence d'un des beaux tableaux du Titien. Car cet ouvrage incomparable ne s'accordait point avec ceux qui témoignèrent toute leur indifférence pour le beau

coloris dans le temps qu'il charmait tout le reste
de l'assemblée. Pour moi, je fus un de ses admirateurs, et c'est avec un grand plaisir que je tâcherai
de défendre la partie qui en fait tout le prix et
toute la valeur.

4. Je ne vous dirai rien de particulier touchant
l'effet des couleurs. M. Le Brun, ce grand homme
qui a dessein de parler de toutes les parties de la
peinture, et qui en a déjà traité quelques-unes si
admirablement, s'en acquittera à son ordinaire, et
remplira très parfaitement tout ce que vous en
pouvez attendre.

5. Il est nécessaire, pour m'expliquer plus nettement, de faire remarquer non seulement ce que
c'est que nous appelons couleur, mais encore ce
que c'est que peinture.

6. On peut, à mon avis, définir la peinture de
cette manière : un art qui, par le moyen de la forme
et des couleurs, imite sur une superficie plate tous
les objets qui tombent sous le sens de la vue. Cette
définition est, il me semble, fort juste, puisqu'elle
convient parfaitement à la peinture et la distingue
d'avec les autres arts.

7. Cet art a trois parties que nous appelons Invention, Dessin et Couleur. La première invente les
objets et les dispose de la manière la plus avantageuse et la plus convenable ; la seconde leur donne
de justes proportions, et la troisième leur distribue

les couleurs les plus capables d'imposer aux yeux et de les tromper.

[1] C'est de cette dernière dont j'entends parler et dont on abaissa si fort le mérite dans une des dernières conférences, où il fut décidé qu'elle était de peu de conséquence et qu'il ne fallait s'attacher qu'au dessin.

Cette décision a été donnée, à mon avis, avec un peu trop de précipitation, et sans avoir suffisamment entendu les raisons qui peuvent établir une opinion plus reçue et plus conforme à la vérité.

8. Il me semble donc, Messieurs, que, pour la défense de la couleur on peut établir raisonnablement trois choses :

9. La première, que la couleur est aussi nécessaire dans l'art de la peinture que le dessin.

10. La deuxième, qu'en diminuant le mérite de la couleur on diminue celui des peintres.

11. Et la troisième, que la couleur a mérité les louanges de l'antiquité et qu'elle mérite encore celles de notre siècle.

12. I. La première vérité que j'avance s'établira facilement, si vous faites réflexion que, dans quelque art que ce soit, il y faut recevoir toutes les parties qui le composent, et que qui en retrancherait la moindre chose en retrancherait autant

---

1. Les deux alinéas suivants ont été barrés dans le manuscrit, sans doute comme pouvant choquer quelques académiciens.

de sa beauté et de sa perfection, et que, s'il y en a quelqu'une qui soit plus estimable et plus nécessaire qu'une autre, c'est sans doute parce qu'elle contribue davantage à nous faire arriver à la fin de l'art dont elle fait partie.

Par exemple, dans l'art d'éloquence, la fin est de persuader, et il est certain que, s'il y a quelque partie d'éloquence plus considérable qu'une autre, c'est parce qu'elle contribue davantage à persuader.

13. Or nous avons premièrement à examiner deux choses : la première, quelle est la fin que le peintre en général se doit proposer dans son ouvrage, et la deuxième, laquelle de ces deux choses, ou du dessin ou de la couleur, conduit plus directement à cette même fin que le peintre se propose.

14. Pour nous éclaircir de la première, est-ce assez de dire que la fin du peintre est d'imiter la nature ? Non, puisque tous les beaux-arts se proposent la même chose, tromper les yeux, ce n'est point encore assez ; car il y a beaucoup d'occasions où la sculpture pourrait le faire.

15. Qu'est-ce donc que cette fin du peintre ? C'est bien de tromper les yeux et d'imiter la nature ; mais il faut ajouter que cela se fait par le moyen des couleurs, et il n'y a que cette seule différence qui rende la fin de la peinture particulière, et qui la distingue d'avec celle des autres arts. Et un peintre

n'est peintre que parce qu'il emploie des couleurs capables de séduire les yeux et d'imiter la nature. C'est où il doit tendre, et c'est enfin le but qu'il se doit proposer dans son ouvrage.

16. Que ce soit la couleur qui soit la plus capable de conduire à cette fin du peintre, laquelle nous venons d'établir, c'est, je crois, ce dont personne ne doute, et ce serait, Messieurs, abuser de votre audience que d'employer des paroles pour prouver une vérité aussi constante que celle-là.

17. Voyons seulement à éclaircir quelques difficultés que l'on pourrait m'objecter.

18. Il semble, me dira-t-on, que la fin de la peinture est de donner de la rondeur aux corps que l'on représente sur une superficie, et que cela se peut faire par le simple crayon blanc et noir.

19. On peut dire encore qu'un tableau d'une seule couleur, tels que sont les camaïeux, peut sortir de la main d'un savant peintre, lequel ne se sera proposé autre chose pour sa fin que l'imitation de la nature ; et par conséquent ce n'est pas la couleur qui contribue davantage à faire arriver le peintre au but que son art lui propose, mais plutôt le dessin.

20. Il est facile de répondre à ces deux difficultés en disant qu'un tableau d'une seule couleur ne peut passer pour un véritable ouvrage de peinture, mais seulement que c'est la pensée de l'ouvrage que

le peintre veut entreprendre et consommer par le moyen de toutes les couleurs qui y seront nécessaires, et que, si l'intention du peintre a été d'en demeurer là, il s'est trompé de se proposer l'imitation de la nature, puisque les objets naturels ne sont point d'une même couleur, et que Dieu leur en a donné de différentes pour les distinguer les uns des autres; mais l'on pourrait dire avec beaucoup plus de raison qu'en faisant son tableau d'une seule couleur, il s'est proposé l'imitation de la sculpture plutôt que celle de la nature.

21. Il y en a encore qui veulent que la fin du peintre soit seulement de plaire aux yeux et de les tromper agréablement, disant qu'un dessin juste et selon toutes les règles doit imposer aux yeux plutôt que la couleur, laquelle se trouve dans la nature même, tantôt d'une façon et tantôt d'une autre, et que plusieurs savants peintres, dont le goût est toujours bon à suivre, ont passé toute leur vie dans le dessin et n'ont fait que peu d'estime de la couleur.

22. Il est pareillement facile de répondre à cette objection : car, quand même la fin de la peinture serait de plaire seulement, n'y a-t-il pas plus d'avantage de plaire à tout le monde que de ne plaire qu'à un petit nombre? Le dessin dans toute sa justesse n'est connu que de très peu de personnes et ne flatte le goût que des plus fins con-

naisseurs et des plus habiles peintres, au lieu que la couleur, comme nous la supposons, dans toute sa justesse et toute son harmonie, charme tout le monde. C'est peu de ne plaire qu'aux ignorants ; c'est beaucoup de ne plaire qu'aux savants ; mais il est d'une perfection consommée de plaire à tout le monde.

23. Pour ce qui est de ceux qui se sont adonnés au dessin plutôt qu'à la couleur, laquelle ils ont, si vous voulez, négligée, je n'en suis point surpris ; le dessin a ses beautés, il a ses charmes, et vous savez que c'est un bien d'autant plus considérable qu'il coûte de temps, de soins et de veilles, et que, pour le posséder dans sa perfection, c'est un terme qui n'est pas assez long que celui de la vie. Je n'ai pas de peine à croire que ces savants peintres qui en ont fait tout le capital et qui s'y sont entièrement donnés n'y découvrissent toujours quelque chose de nouveau qui était au-dessus de leur connaissance, et que la mort les ayant encore surpris dans l'étude et dans l'avide recherche de ces nouvelles beautés, ne leur ait pas donné le temps de songer à s'acquérir l'intelligence des couleurs.

24. Peut-être aussi qu'ils n'ont négligé cette intelligence que parce qu'ils ont cru qu'elle était facile et qu'ils en seraient toujours les maîtres quand ils voudraient. Mais l'expérience nous fait voir qu'ils

pourraient bien s'être trompés, puisque plusieurs l'ont cherchée longtemps, et que, pour en avoir toujours pris une autre pour elle, ils ne l'ont jamais connue. Et d'autres l'ayant trouvée par hasard et ne l'ayant point connue l'ont laissée échapper.

25. Il est certes de quelque conséquence de s'accoutumer de bonne heure à la connaître, afin que nous ne prenions pas le change, et que nous étant rendu ses charmes familiers, ils ne puissent dans la suite nous éblouir et nous surprendre jusqu'à nous faire oublier les autres parties de la peinture que je n'entends pas négliger à l'avantage de la couleur, mais les si bien joindre ensemble qu'elles concourent toutes trois à une même fin, et que notre école ne tombe pas dans l'erreur réciproque de Rome et de celle des Lombards où ils blâment chacune celle qu'ils ignorent. Joignons autant que nous le pourrons ces deux belles parties ensemble, et que celle qui nous manque ne nous fasse pas avoir de l'indifférence pour elle, ou pour mieux dire du mépris.

26. Pour ce qui est d'imposer aux yeux, il est certain qu'un tableau d'un dessin médiocre où les couleurs seront dans tout leur éclat et dans toute l'harmonie possible fera plus d'effet et trompera davantage nos yeux qu'un où le dessin, d'une dernière justesse, renfermera des couleurs médiocres. Et la raison de cela est que la couleur, dans la

perfection que nous la supposons, représente toujours la vérité et que le dessin ne représente que la possibilité raisonnable. Car nous voyons très peu de corps dans les proportions que nous enseignent nos règles, et nous ne nous mettons point en peine si les corps sont réellement proportionnés d'un aussi bon goût et d'une aussi grande beauté que nous les dessinons, pourvu que cette beauté soit possible, au lieu que les yeux sont accoutumés à voir des coloris différents et qu'ils se plaisent même dans cette variété.

27. II. La seconde proposition que je vous ai avancée se prouve encore par la définition de la peinture, par laquelle je vous ai suffisamment fait entendre que la couleur est ce qui fait le peintre et le distingue de tous les autres.

28. L'homme a cela de commun avec les végétaux qu'il croît, avec les brutes qu'il sent, et n'est homme que par la raison; et l'on peut fort bien dire que celui-là est plus homme qui se sert le mieux de sa raison. Le peintre a de commun avec tous ceux qui font profession des beaux-arts qu'il imite la nature, avec les sculpteurs et les graveurs qu'il dessine, et n'est peintre que par la couleur, de sorte que l'on peut raisonnablement dire que celui-là est plus savant peintre, lequel possède mieux cette partie de la peinture que nous appelons couleur et la sait mieux mettre en usage.

29. Si donc c'est elle qui vous distingue des autres et vous donne la qualité de peintre, pourriez-vous la négliger sans vous négliger vous-même, et diminuer son mérite sans diminuer le vôtre?

Il ne reste plus présentement qu'à vous faire voir que la couleur a mérité les louanges de l'antiquité et qu'elle mérite celles de notre siècle.

31. III. Tous ceux qui ont lu quelque chose de ce qui a été écrit en faveur des beaux-arts du temps qu'ils étaient en vigueur dans la Grèce ont pu remarquer que Zeuxis a remporté autant de louange à cause de l'intelligence qu'il avait des couleurs qu'Apelle pour la justesse de ses contours. Si donc l'on a balancé leur mérite dans un temps où le dessin était au-dessus de l'état où il se trouve aujourd'hui, et où la couleur l'aurait cédé à celle de notre temps, et si nous comparons ces deux parties, le dessin et la couleur, dans l'état présent où elles se trouvent, dont la première n'est pas même tant déchue que celle-ci s'est augmentée de force et de beauté par l'invention de l'huile, pourquoi lui voulons-nous dénier l'estime qui est dûe à cette partie? Nos yeux sont-ils plus fins dans le temps où nous vivons qu'ils ne l'étaient en celui-là? Avons-nous de nouvelles connaissances dans les arts qui aient été cachées au siècle d'Alexandre et qui nous donnent le droit de faire le procès à la couleur, laquelle a mérité l'estime des plus grands génies de l'anti-

quité? Oui, Messieurs, puisque nous faisons le procès à la couleur, nous le faisons non seulement à Zeuxis, mais même au Titien, l'un et l'autre favoris de leurs princes, comme ils l'ont été de la peinture. Nous le faisons au Giorgione, à Tintoret, à Véronèse et à tous les Lombards, à Rubens et à toute son école. Et tout le crime de ces grands hommes est d'avoir été sensibles au charme de la couleur. Si cela est, Messieurs, je doute qu'il y ait quelqu'un dans la Compagnie qui ne se sente coupable du même crime lorsqu'il regarde et qu'il considère attentivement ces miracles de l'art, ces ouvrages admirables, où ils n'ont rien épargné pour le faire paraître avec tous ses charmes. Ainsi, Messieurs, puisque nous nous laissons toucher insensiblement aux attraits de la couleur, et que vous seriez coupables vous-mêmes si vous accusiez ces grands hommes dont les ouvrages vous enchantent et vous font oublier ce qui y manque d'ailleurs, conservez cette belle enchanteresse, travaillez pour acquérir cette belle partie qui vous fait peintres, et qui vous donne une qualité pour laquelle tous les gens d'esprit ont de l'estime et de la vénération.

32. Et partant, Messieurs, la couleur étant une partie essentielle de notre art, laquelle contribue plus que les autres à conduire le peintre au but et à la perfection de son ouvrage, et qui le distingue

de tous les autres qui font profession des Beaux-Arts, concluez qu'elle est aussi nécessaire dans l'art de peinture que le dessin, que non seulement on ne peut diminuer son mérite sans diminuer celui des peintres, mais encore qu'elle a mérité les louanges de l'antiquité et qu'elle mérite celles de notre siècle.

B[1].

Prononcé à l'Assemblée générale du 7 novembre 1671 par M. Blanchard.

H. TESTELIN.

---

1. Ce B est évidemment l'initiale du nom de Blanchard que lui-même a apposée au bas de son discours.

M. DE CHAMPAIGNE LE NEVEU [1]

27 décembre 1671

Quoique la conférence de M. Blanchard ait été très belle et très éloquente, Messieurs, il y a fait paraître un petit ressentiment qui s'étend par tout le corps de son discours en justifiant avec assez de chaleur la partie de laquelle il s'est servi pour l'objet de son entretien qui est la couleur, comme si l'on l'avait offensée et qu'on lui eût voulu ôter quelque chose de son mérite. Ayant assez fait paraître que c'est la conférence que mon oncle a ouverte le 6 de juin, de laquelle il a eu la pensée qu'on voulait choquer une partie qui est admirée de tout

---

1. Le cahier qui contient à la fois cette note curieuse de Jean-Baptiste de Champaigne et son discours contre Blanchard porte sur la couverture les lignes suivantes :

« Le neveu Champaigne cite pour origine du procès la conférence ouverte par son oncle, le 4 juin 1671. Il se trompe : cette conférence a été faite le 12 de ce mois, ainsi qu'il est marqué au bas et signé par le secrétaire. Bagatelle que cela. Il parle ensuite d'un arrêté fait en conséquence par l'Académie, portant une approbation formelle de cette conférence, et je ne trouve pas la moindre trace de cette approbation dans les registres. Cela fera quelque difficulté pour lier l'histoire de cette querelle. N'importe ; on fera comme on pourra. Mais tout ce procès me paraît bien mal fagoté. Le mémoire de M. Blanchard est plein de sophismes. La réponse de M. Le Brun est pitoyable, et celle-ci n'est qu'un pointillage d'humeur qui ne conduit à rien d'utile ni d'instructif. »

le monde, je ne parlerais pas davantage de cette rencontre si l'Académie n'avait pas fait un arrêté (M. Le Brun y étant présent) sur le fruit qu'il est nécessaire de tirer de la conférence qui se tint au mois de juin, de sorte, Messieurs, que ce n'est plus une affaire qui regarde un particulier, mais toute la Compagnie en général. Je vous supplie, Messieurs, que si l'on a voulu mal entendre ces sentiments en l'absence de M. Lebrun, qui était malade alors, présentement que le ciel nous l'a rendu à nos vœux, que cette conférence soit relue avec celle de M. Blanchard pour la justification de mon oncle, les sentiments duquel ont toujours été très conformes à la vérité.

Présentée en Assemblée générale du vingt-septième jour de décembre 1671, par M. de Champaigne.

M. DE CHAMPAIGNE LE NEVEU

CONTRE LE DISCOURS FAIT PAR M. BLANCHARD

SUR LE MÉRITE DE LA COULEUR

9 *janvier* 1672[1]

C'est inutilement, Messieurs, que dans ce discours l'on ait tant élevé le mérite de la couleur, puisque dans la conférence de mon oncle il en a été dit tout ce qui s'en peut dire; cependant il paraît que ces sentiments n'ont pas été bien entendus de tout le monde, puisque l'auteur du discours qui vient d'être lu l'a supporté avec impatience et a cru qu'on imputait à crime aux habiles peintres d'exceller en cette partie. C'est ce qui m'a obligé de prier la Compagnie de relire ce que mon oncle en a dit afin qu'elle juge de la vérité de ses sentiments; et quoique je ne prétende pas diminuer en rien ce que le discours opposé a de beau en soi, je supplie l'assemblée de me permettre d'y faire quelques brèves remarques pour tendre à développer cette matière.

Dans l'article 3, l'on a prétendu faire voir que dans le discours de mon oncle il y a paru beau-

---

1. Ce discours fut relu le 9 janvier 1692 et le 13 avril 1697, et sans doute aussi en 1680 et en janvier 1684, puisque l'Académie reprit alors la série des conférences sur la couleur.

coup d'indifférence pour le tableau de Titien, dont il a tiré le sujet de sa conférence ; dans ce commencement, il n'est pas fort équitable.

Dans l'article suivant, il dit qu'il ne veut rien dire du particulier des couleurs. Cela étant, il n'est pas possible d'en bien établir le mérite.

L'article 9 ne s'accorde pas avec le premier, qui établit le dessin pour l'âme et le premier mobile de l'art.

Quant à l'article 14, il est admirable de dire si c'est assez que la fin du peintre soit d'imiter la nature ; il dit que non (puisque tous les Beaux-Arts se proposent la même chose), que ce n'est pas encore assez, tromper les yeux, puisque la sculpture, en beaucoup d'occasions, le pourrait faire.

Je ne sais, Messieurs, si l'on peut croire que le peintre se doit proposer un autre objet que l'imitation de la belle et parfaite nature. Se doit-il proposer quelque chose de chimérique et d'invisible ? Il est pourtant constant que la plus belle qualité du peintre est d'être l'imitateur de la parfaite nature, étant impossible à l'homme d'aller plus avant.

Pour la sculpture, qui peut aussi tromper les yeux, prétend-on qu'elle fasse paraître en relief une superficie plate ? ce serait le contraire du peintre qui s'efforce de faire paraître les choses plates être de relief.

Dans l'article 15, il tombe d'accord que c'est bien la fin du peintre d'imiter la nature et de tromper les yeux, mais qu'il y faut ajouter que cela se fait par le moyen des couleurs. Puisqu'elle ne peut former aucune figure sans le dessin, ainsi ce n'est pas la couleur qui fait la fin du peintre ; et de dire que le peintre n'est peintre que parce qu'il emploie les couleurs, c'est se tromper en voulant tromper les autres ; car le mot de peintre tire son origine de dépeindre, qui est de faire la ressemblance de ce qu'on se propose; cette qualitité ne s'attache nullement à la matière, puisqu'on peint en prose ; n'appelle-t-on pas la poésie une peinture parlante ?

Il me semble, Messieurs, que ce qui donne le nom de peintres particulièrement à ceux de notre profession, est la généralité de tous les objets que la peinture représente et dont elle charme la vue.

Sur l'article 21 et celui qui suit, qu'y a-t-il à dire autre chose sur cette discussion que de dire que le but du peintre ne doit être autre chose, en suivant la belle nature, que de plaire aux yeux, ce qui ne se peut faire que par le moyen du dessin ? Quant à ceux à qui il vaut mieux plaire, Cicéron l'orateur dit qu'il ne faut plaire qu'aux savants.

Dans l'article 26, il est dit que les tableaux d'un médiocre dessin, colorés dans la perfection, feront plus d'effet et tromperont davantage que ceux qui auraient des couleurs médiocres, quoique dessinés dans la dernière justesse. La raison qu'il en donne est parce que la couleur dans sa perfection représente toujours la vérité; il y a à dire à cela que la couleur n'est qu'un accident tout pur, et que la forme est la vérité de quoi il n'y a aucun lieu de douter.

L'article 27 ne demande point d'autre réponse que ce qui est déjà dit. Pour celui qui suit, dans lequel on met tous les autres arts qui se proposent d'imiter la nature entre les brutes d'où il tire le peintre par la couleur, qu'on nomme la raison avec laquelle il le fait un homme raisonnable d'entre tous les végétaux, et que celui qui possède le mieux la partie qu'on nomme la couleur est le plus savant peintre, à cela on accordera bien que c'est un plus savant coloriste, mais non pas un plus savant peintre [1].

Dans l'article 29, il prétend qu'en négligeant la couleur l'on se néglige soi-même, et qu'en diminuant son mérite l'on diminue celui des peintres; le peintre se néglige et diminue son mérite quand il ne met pas les parties de la peinture en leur rang et qu'il prend l'ombre pour la vérité.

Par l'article 31, l'on y excite l'auditoire à l'estime de la couleur par les exemples de l'antiquité. N'ayant pas donné lieu de croire qu'on la méprise,

---

1. Nous avouons ne pas comprendre le début de la phrase.

c'est en vain qu'on s'efforce de faire avoir de l'estime pour elle, puisqu'on en a autant qu'il en faut avoir, et l'on s'est trompé de dire que l'on veut faire le procès à la couleur; il ne faut que se souvenir de ce que mon oncle a dit dans sa conférence pour détruire le fantôme qu'on s'est formé, puisqu'il semble n'avoir fait autre chose que le panégyrique de Titien, qu'on peut dire avoir été le prince des coloristes; et s'il a dit qu'il ne faut pas que la jeunesse en fasse dans leur commencement leur unique étude, peut-on l'accuser pour cela d'avoir ôté le mérite de la couleur? Non, sans doute, Messieurs; je m'assure que vous tomberez tous d'accord que mon oncle a raison, et l'auteur même du mérite de la couleur en demeurera d'accord, puisqu'il dit que le dessin est le premier mobile de la peinture; il est donc vrai de dire que les jeunes gens doivent premièrement s'appliquer à l'étude du dessin.

Dans le dernier article, il dit que la couleur est aussi nécessaire que le dessin; c'est ce qui est absolument insoutenable, puisqu'elle ne peut plaire dans notre art qu'à mesure qu'on la soumet et qu'on la captive dans les règles du dessin en formant les objets, en sorte qu'on peut dire avec vérité que celui qui la dessine le mieux et qui la réduit le plus juste en sa place par l'effet du dessin est le plus savant coloriste et le plus savant peintre.

Car elle sert au dessin sur une toile de la même manière que fait le crayon sur le papier, et du moment qu'elle ne sert plus à ce premier mobile de notre art, elle ne sert qu'à égarer[1] et changer le nom de peintre en celui de barbouilleur.

Prononcé en l'assemblée publique de l'Académie royale de peinture et de sculpture le 9º jour de janvier mil six cent soixante et douze, par Monsieur Champaigne le Neveu.

H. Testelin.

1. Les mots suivants sont barrés dans le manuscrit et presque illisibles.

DISCOURS DE M. LE BRUN

SENTIMENT SUR LE DISCOURS DU MÉRITE DE LA COULEUR

PAR M. BLANCHARD

9 *janvier* 1672[1]

Pour bien parler du mérite de quelque chose, il faut savoir en quoi il consiste.

Or le véritable mérite est celui qui se soutient de lui-même et qui n'emprunte rien d'autrui.

De sorte que, pour connaître le mérite du dessin et celui de la couleur, et pour en faire la différence, il faut considérer laquelle de ces deux choses subsiste davantage par elle-même et est plus indépendante de toutes les autres.

Premièrement :

On doit savoir qu'il y a deux sortes de dessin :

---

1. Note manuscrite : « Il faut mettre le discours au net avec quelques-unes des corrections (car il y en a que je voudrais garder) et le mettre à la suite de celui de Blanchard, qui est très bon et auquel celui-ci répond. »

Les procès-verbaux ne mentionnent pas que ce discours ait été relu, ce qui est assez étonnant; mais il faut se rappeler que les discours servaient de sujet d'entretien à l'Académie; elle aimait donc mieux discuter les arguments de Blanchard ou de Jean-Baptiste de Champaigne que d'accepter la décision tranchante de Le Brun; peut-être même les Académiciens adoptaient-ils, chaque fois que la question était reprise, une résolution nouvelle touchant la couleur.

l'un qui est intellectuel ou théorique, et l'autre pratique ;

Que le premier dépend purement de l'imagination, qu'il s'exprime par des paroles et se répand dans toutes les productions de l'esprit ;

Que le dessin pratique est produit par l'intellectuel et dépend par conséquent de l'imagination et de la main ; il peut aussi s'exprimer par des paroles.

C'est ce dernier qui, avec un crayon, donne la forme et la proportion, et qui imite toutes les choses visibles jusqu'à exprimer les passions de l'âme, sans qu'il ait besoin pour cela de la couleur, si ce n'est pour représenter la rougeur et la pâleur.

On peut ajouter à ce que je viens de dire que le dessin imite toutes les choses réelles, au lieu que la couleur ne représente que ce qui est accidentel.

Car l'on demeure d'accord que la couleur n'est qu'un accident et qu'elle est produite par la lumière, parce qu'elle change selon qu'elle est éclairée, en sorte que, la nuit, le vert paraît bleu et le jaune paraît blanc, étant tous deux éclairés d'un flambeau. Ainsi la couleur change selon la lumière qui lui est opposée.

Il faut encore considérer que la couleur qui entre dans ces tableaux ne peut produire aucune teinte ni coloris, que ce ne soit par la matière même qui porte la teinte ; car l'on ne saurait faire du vert avec une couleur rouge ni du bleu avec du jaune. C'est pourquoi l'on peut dire que la couleur dépend tout à fait de la matière, et par conséquent qu'elle est moins noble que le dessin qui ne relève que de l'esprit.

On peut encore ajouter à cela que la couleur dépend du dessin, parce qu'il lui est impossible de représenter ni figurer quoi que ce soit, si ce n'est par l'ordonnance du dessin.

Elle ne peut pas même exprimer le moindre pli de draperie que ce ne soit le dessin qui lui donne la forme, tant son arrangement dépend de lui seul ; autrement il n'y aurait aucun ordre dans la distribution de la couleur, et les broyeurs seraient au même rang que les peintres, si le dessin n'en faisait la différence : car ils emploient des couleurs comme eux, et savent presque aussi bien qu'eux de quelle manière il les faut étendre.

Ainsi nous voyons que c'est le dessin qui fait le mérite de la peinture, et non pas la couleur.

Et s'il est vrai, comme nous avons dit, que le mérite de quelque chose est d'autant plus grand qu'il dépend moins d'une cause étrangère, il s'ensuit que le mérite du dessin est infiniment au-dessus de celui de la couleur, lequel tire tout son lustre du dessin. C'est pourquoi il ne la faut pas élever si haut, jusqu'à vouloir prétendre que c'est elle qui fait les peintures et les tableaux, et que, sans elle, il n'y aurait point de peintre ni de peinture, car nous venons de voir que c'est le dessin qui lui commande et qui en fait tout l'éclat et toute la gloire.

Et si nous nous en rapportons à ce que les anciens nous ont dit de l'origine de la peinture, nous verrons que ce ne fut pas avec de la couleur qu'elle fut trouvée; car l'on dit que la bergère qui fit le portrait de son amant n'avait pour couleur et pour pinceau qu'un poinçon, ou tout au plus un crayon, avec lequel elle traça l'image de celui qu'elle aimait, et néanmoins toute l'antiquité n'a pas laissé de nommer ce premier portrait l'origine de la peinture, quoique l'ouvrière n'eût employé aucune couleur pour le faire.

Il est donc aisé de conclure que ce n'est pas la couleur qui fait le peintre ni le tableau; mais je demeure d'acccord qu'elle contribue et aide à lui donner la dernière perfection, de même que la beauté du teint achève de donner la perfection aux beaux traits du visage.

Car assurément le peintre ne peut être parfait qui ne sache bien appliquer les couleurs, ni un tableau ne saurait être accompli en toutes parties que la couleur n'y soit employée doctement et avec économie. Mais je dirai aussi que cette doctrine et cette économie viennent du dessin, et qu'en un mot tout l'apanage de la couleur est de satisfaire les yeux, au lieu que le dessin satisfait l'esprit.

Et comme ces tableaux sont faits pour plaire à l'un et à l'autre, la couleur a sa part, comme je viens de dire, dans la perfection de l'ouvrage.

De sorte qu'il ne la faut pas négliger ni en faire peu d'estime ; au contraire, il la faut étudier avec soin et avec application, mais de manière que le dessin soit toujours le pôle et la boussole qui nous règle dans cette étude, afin de ne pas nous laisser submerger dans l'océan de la couleur, où beaucoup de gens se noient en voulant s'y sauver.

De sorte que, pour éviter ces dangers, il faut s'appliquer fortement dans l'étude du dessin ; et pour vous y encourager, je vous dirai, Messieurs, que l'éloquent discours qui a fait tout récemment la louange de l'architecture à l'ouverture de l'Académie de Messieurs de l'Architecture a fait aussi l'éloge du dessin, d'autant que c'est par lui que l'architecture met au jour toutes ses plus belles idées.

C'est lui qui lui fait tracer le plan de tous ces grands édifices, de ces ponts, ces chaussées, ces fortifications, ces places publiques et toutes ces magnifiques structures qu'elle met au jour ; c'est lui qui perfectionne l'architecte, et je n'en veux d'autre preuve que ce que Vitruve enseigne, lorsqu'il dit qu'il faut que l'architecte sache parfaitement dessiner, ce qu'il n'entend pas seulement à l'égard des bâtiments, mais aussi du corps humain, parce que c'est des proportions de l'homme qu'il tire toutes celles de ces grands édifices et qu'il en forme même les parties.

Il nous apprend aussi que les proportions des colonnes sont tracées sur celles de ce chef-d'œuvre de la nature, et qu'il y en a de divers sexes, les unes formées sur l'homme et sur la femme, et d'autres même sur des jeunes filles.

De sorte qu'il fait voir par là que l'architecte doit bien savoir ces proportions, mais qu'il faut encore qu'il les sache parfaitement dessiner en tout ce qui se voit dans la nature, car sans cela il ne serait pas capable de former tous les ornements qui enrichissent les bâtiments. Comment l'architecture pourrait-elle, sans le dessin, donner la forme de toutes ces pyramides, ces obélisques qui sont chargés de lettres hiéroglyphiques qui n'ont pu être tracées que par le dessin ?

Comment ferait-elle voir tous ces superbes mausolées qui ont marqué la grandeur de ceux dont ils enfermaient les cendres, et ces magnifiques arcs de triomphe, qui ne sont, à vrai dire, que de fameux piédestaux que le dessin a inventés pour porter la statue du conquérant, et pour recevoir des tableaux de marbre que le dessin y doit tracer pour représenter les faits d'armes et les triomphes des victorieux.

C'est par le dessin que toutes ces statues de marbre

et de bronze que l'on élevait à l'honneur des hommes vertueux prenaient leurs formes et leurs proportions ; car l'on demeurera d'accord que les plus savants et les plus fameux sculpteurs n'ont trouvé la beauté de leurs contours et la justesse de ces proportions de leurs figures que par le moyen du dessin.

Et, pour tout dire en peu de mots, l'architecture et le dessin ne sont qu'une même chose, d'autant que le dessin rend le peintre et le sculpteur capables d'être architectes.

Je n'en veux pas d'autre autorité que celle qui fut prononcée dans le savant discours dont j'ai parlé. Car ce fameux ouvrier, qui proposa à Alexandre de faire sa statue du mont Athos, fit bien voir qu'il était sculpteur, puisqu'il proposa une statue plutôt qu'un bâtiment, et qu'il était peintre par la manière dont il usa pour se faire voir de ce conquérant ; car assurément il fallait être peintre pour inventer cette manière d'habillement qu'il prit : la peau du lion qu'il avait sur ses épaules et la massue qu'il tenait à sa main formaient comme un tableau qui, par son spectacle, arrêta Alexandre et qui donna le moyen à l'inventeur de faire entendre son dessein à ce prince.

L'on ne peut pas non plus douter que ce sculpteur n'entendît parfaitement les bâtiments, puisqu'il jeta le fondement de la ville d'Alexandrie.

Ainsi nous voyons que le dessin fait que les architectes, les peintres et les sculpteurs ne sont qu'une même chose.

Nous en trouverons beaucoup d'exemples dans l'antiquité outre celui que je viens de marquer. Mais sans aller si loin, il faut considérer quels ont été les architectes des derniers siècles.

Il n'y en a presque pas un qui ne fût peintre ou sculpteur, et pour s'en instruire, il ne faut que lire Vasari et voir les fameux temples, les superbes palais qu'ont faits Michel-Ange et Raphaël, et si ce dernier a mérité le nom de divin par son dessin et son pinceau dans l'école des peintres, il l'a mérité aussi dans son architecture : car c'est ainsi que le nomme Serlio, lorsqu'il rapporte un morceau de bâtiment de ce fameux peintre qu'il met en parallèle avec les plus beaux de ceux de l'antiquité.

Je ne dirai rien des ouvrages d'architecture qu'a faits Jules Romain et tous les peintres et sculpteurs de son temps.

Nous en avons vu encore dans le siècle d'aujourd'hui qui ont fait la même profession ; Piètre de Cortone, André Sacchi, l'Algarde et le cavalier Bernin qui est encore vivant nous font bien voir par leurs ouvrages qu'un peintre et un sculpteur peuvent être bons architectes quand ils sont bons dessinateurs.

Et si un jour notre Monarque peut être informé

de la conformité et de l'union qu'il y a entre la peinture et l'architecture, il ne voudra pas sans doute les séparer d'ensemble et ne formera qu'une école des deux qu'il a établies.

Je suis persuadé aussi que si les grandes affaires de Mgr le surintendant des Bâtiments, notre Protecteur, lui permettent d'y faire réflexion, qu'il les unira dans une même école, comme elles le sont sont dans leurs productions, et ce sera alors, Messieurs, que vous connaîtrez l'avantage du dessin, et que vous n'aurez pas de peine à faire la différence de son mérite pour l'élever infiniment au-dessus de celui de la couleur.

Ce sera lui qui vous fera prendre part dans la composition de ce fameux ordre Français, qui doit porter autant de figures allégoriques qu'il aura d'ornements pour marquer l'état glorieux où est aujourd'hui la France sous le règne de Louis XIV, le plus grand et le plus triomphant monarque qu'elle ait jamais vu.

Ce présent discours a été prononcé par M. Le Brun en l'assemblée publique de l'Académie Royale de Peinture et de Sculpture, le neuvième jour de janvier mil six cent soixante et douze[1].

H. TESTELIN.

1. Il faut remarquer que le discours de Le Brun et celui de J.-B. de Champaigne ont été prononcés au cours de la même séance : Le Brun se considérait donc d'avance comme l'arbitre du débat, et avait préparé sa sentence motivée, avant que J.-B. de

Champaigne eût prononcé son plaidoyer. (Toutefois les procès-verbaux mentionnent une conférence le 2 janvier : serait-ce celle de J.-B. de Champaigne, malgré la date inscrite sur le manuscrit ?)

C'est à propos de ce débat qu'on lit dans Guillet de Saint-Georges (*Mémoires sur la vie...* T. I, p. 247) : « Les particuliers dont j'ai parlé (les défenseurs de la couleur) furent en ce temps-là d'autant plus à craindre pour l'Académie qu'ils venaient triompher dans le poste même qui avait été choisi pour les détruire. On crut donc arrêter leurs abus, ou, s'il faut ainsi dire, leurs attentats, en discontinuant ces conférences jusqu'à la guérison de M. Le Brun, et, quand on les recommença, il y eut encore de l'une à l'autre des intervalles extraordinaires, comme l'ordre des dates le justifiera. »

Ces dernières affirmations de Guillet sont assez contestables : car, pendant la maladie de Le Brun, nous trouvons, le 4 septembre 1671, une conférence de Quatroulx sur les opérations de la nature humaine dans les divers mouvements de ses parties, la conférence de Blanchard le 7 novembre, la requête de J.-B. de Champaigne le 24 décembre, et pendant l'année 1672, les procès-verbaux annoncent fréquemment qu'on « se prépare pour la conférence » (5 mars, 28 mai, 25 juin, 27 août, 10 octobre). Bien plus, on lit au procès-verbal du 26 novembre : « M. Blanchard s'est chargé de faire l'ouverture de la conférence sur le sujet de la disposition des couleurs et de leurs propriétés. » Il est donc vraisemblable qu'on n'avait pas conservé rancune à Blanchard, et que, tout en lui donnant tort, on prenait plaisir à l'entendre soutenir ses idées. D'ailleurs les procès-verbaux de l'Académie nous montrent qu'il prit une part fort active aux travaux de la Compagnie, et qu'il eut toujours sa confiance; son nom est un de ceux qui reviennent le plus souvent dans le compte-rendu des séances.

M. DE SÈVE LE PUINÉ

SUR UN OUVRAGE INTITULÉ

« CONVERSATIONS SUR LA COULEUR »

6 *mars* 1677[1]

Messieurs,

J'ai toujours estimé que, pour faire l'ouverture d'une conférence devant une si savante et si célèbre Compagnie, il était nécessaire d'avoir des qualités que je n'ai jamais présumé posséder, ayant pris plus de soin à l'exercice de mon art qu'à celui de la plume et de la langue. En effet la facilité de s'exprimer de cette façon est un don particulier. Il faut avoir un profond savoir pour exposer des préceptes et des raisonnements solides, une grande expérience pour expliquer les principes et les règles de notre profession, beaucoup d'éloquence et de vivacité d'esprit pour en bien discourir, et, par ce moyen, en soutenir la vérité contre les objections

---

1. Notes du manuscrit :
« Lu le 3 décembre 1712.
« Relu le 7 octobre 1713.
« Avant de mettre en ordre les bagatelles de ce mémoire, qui me paraît bon, il faut consulter M. Coypel et savoir s'il sera convenable de critiquer dans notre recueil un auteur connu et qui a des partisans. »

qui s'y peuvent opposer. C'est pourquoi, ne me sentant pas doué de ces avantages-là, il m'a semblé être de mon devoir de n'en point entreprendre l'office. Mais reconnaissant que ce que je faisais par défiance et par crainte de ne m'en pouvoir assez bien acquitter était expliqué à mon désavantage, et que des personnes très capables en prenaient occasion de refuser ces fonctions-là à l'Académie, j'ai changé de résolution, et je viens, Messieurs, me soumettre à vos ordres, non pas pour proposer des enseignements, mais pour m'instruire moi-même en la connaissance de la peinture.

L'on entend parler si diversement de ce bel art que je vois une infinité de gens en peine de savoir quelles en sont les propriétés. Il y a quelques années que l'on parla en diverses assemblées du mérite de la couleur; on en exagéra fortement tous les avantages jusqu'à la mettre en parallèle avec le dessin et à dire que c'est le seul moyen par lequel le peintre peut parvenir à sa fin, et qu'il n'est peintre que parce qu'il emploie des couleurs capables de l'y conduire, ce qui donna sujet de faire un discours sur l'étendue et les prérogatives du dessin, et de prouver par des raisons convaincantes que c'est lui qui est le père de toutes les représentations visibles et le directeur même de la couleur. Mais l'on ne décida pas pourtant ce que l'on doit entendre par cette couleur, et dans la suite des conférences, on ne laissa pas, en parlant de l'étroite obligation du peintre, de vouloir faire passer cette partie de la couleur comme la principale de la peinture, avouant néanmoins que le peintre doit s'étudier à bien dessiner, ce qui demande la vie d'un homme; mais l'on s'attacha particulièrement à rapporter tout ce qu'en ont écrit les auteurs qui ont plus estimé la couleur, s'efforçant par ce moyen d'insinuer dans les esprits que ce doit être la plus importante occupation du peintre. L'on disait au contraire que, la pratique du dessin étant le plus difficile à acquérir, il fallait s'y étudier avec plus de soin, que la couleur a un charme dangereux et qu'elle ne peut rien représenter sans le dessin, qu'il arrive à la plupart de ceux qui s'adonnent trop à la couleur de se départir du dessin et même de la vérité du naturel par trop d'affectation et par l'extrême exagération de la couleur.

Et l'on voit encore aujourd'hui couler comme d'une même source certains écrits, sous le titre de conversations, qui tendent à persuader que le partage du peintre est la couleur, et que les proportions et le dessin sont des propriétés singulières à la sculpture, ce qui, à mon avis, est une chose étonnante de vouloir séparer ce qui naturellement est conjoint, et de restreindre à une seule partie ce qui a un droit souverain sur l'universalité.

Il est vrai que l'auteur de ces conversations ne professe pas ces arts, mais il ne laisse pas d'en vouloir dogmatiser, d'entreprendre d'instruire les amateurs en la connaissance des ouvrages de peinture, et d'en prétendre débiter les principes et les maximes certaines.

J'avoue que cette entreprise est un peu hardie et qu'elle se confond par son propre langage, en se contredisant à soi-même en divers endroits. Cet auteur fait des efforts redoublés et inutiles pour obliger son disciple de se purger de toute prévention, cependant qu'il l'en détourne par son exemple, se faisant connaître le plus préoccupé partisan qui fût jamais pour certaines manières qui semblent n'avoir point été estimées d'autres que de lui; et dans cet éblouissement, il dit[1], que pour juger parfaitement d'un tableau, il le faut regarder comme si l'on n'en avait jamais vu et préférer ceux qui surprendront davantage; et peu après[2], il renvoie son amateur à la lecture des auteurs qui ont écrit de la peinture et à la conversation des plus habiles peintres, afin que, par de fréquentes questions, il puisse parvenir à la connaissance des principes de ce bel art. Derechef[3], qu'il ne faut pas se presser, qu'il en faut lire peu et avec beaucoup de réflexion,

---

1. Page 20.
2. Page 27.
3. Page 30.

en faire les applications sur les beaux ouvrages et s'en entretenir avec les plus habiles, afin de s'accoutumer peu après à ces vérités, et, à force de les considérer, qu'elles jettent de plus profondes racines dans l'esprit.

Et ailleurs[1], il dit que le spectateur n'a qu'à s'abandonner à son sens commun pour bien juger de ce qu'il voit, que ses yeux naturels sont capables de juger des ressemblances aussi bien que des effets que doivent produire les principes de la peinture.

Et quand il entreprend de définir ce que doit être un peintre[2], il dit qu'il ne faut pas qu'il s'arrête seulement à la correction du dessin, ce qui est, dit-il[3], le propre des sculpteurs, lesquels, ne pouvant imiter toutes les formes, cherchent à réparer ce défaut par des ajustements inventés, que les mesures[4] ne regardent point la peinture, qu'elles sont des effets de la géométrie et de la perspective, que l'étude de Rome[5] ne donne qu'un goût artificiel, que l'on ne trouve point[6] dans les antiques la vérité du naturel, et il n'en estime la proportion qu'à condition que l'on en ôte la crudité et la sécheresse dans les parties du corps aussi

1. Page 94.
2. Page 95.
3. Page 98.
4. Page 92.
5. Page 249.
6. Page 256.

bien que dans les draperies[1], que le peintre doit considérer la couleur comme son objet principal[2].

Il avoue que l'expression peut être dite l'âme du dessin et de la peinture[3], mais qu'à parler plus proprement, l'âme de la peinture est dans le coloris ; que les peintres Lombards, sans la régularité du dessin, ont bien mieux représenté la vérité que les autres peintres par une grande correction[4] ; et après avoir avoué que toutes les sciences sont tributaires au peintre[5], et qu'il a un droit sur elles qu'on ne peut lui disputer, il se reprend incontinent en disant que c'est le porter si loin qu'on le perd de vue, et qu'il est inutile de le chercher autre part que dans la couleur.

Puis il dit qu'il n'est qu'imitateur des choses visibles, et que ces choses ne sont visibles que par la couleur, qu'il ne doit considérer qu'elle seule[6], en faire un bon choix et s'en servir d'une main libre et aisée, que de concevoir le peintre par ses inventions, c'est n'en faire qu'un avec le poète, le concevoir par la perspective, c'est ne pas le distinguer d'avec le mathématicien, et par les proportions et mesures des corps, c'est le confondre

1. Page 253.
2. Page 275.
3. Page 273.
4. Page 104.
5. Page 90.
6. Page 92.

avec le sculpteur et le géomètre[1] ; mais quand il parle du héros de son livre, la peinture est tout autre chose : il dit que ce qui contribue le plus au brillant de ses ouvrages est la disposition des objets ; car, dit-il, la lumière et les couleurs ne serviraient pas beaucoup si les corps n'étaient placés et disposés pour le recevoir avantageusement, non seulement dans la disposition des objets particuliers, mais dans le tout ensemble de l'ouvrage ; et dans l'estime qu'il fait de ce peintre, il se laisse emporter à des expressions outrées, disant que c'est l'esprit tout seul qui a travaillé à ses tableaux, et que l'on peut dire qu'à l'imitation de Dieu il a soufflé ce même esprit dans les ouvrages plutôt qu'il ne les a peints[2].

Vous voyez bien, Messieurs, par toutes ces contrariétés, qu'il est malaisé d'asseoir un fondement assuré sur ces conversations. Quant à moi, j'ai toujours cru que, pour être bon peintre, il faut connaître la nature des choses pour leur approprier les expressions convenables, en savoir les proportions et les justes mesures, pour en bien marquer la forme, d'être fort instruit de l'histoire, du mode et de la situation des lieux, pour en disposer l'ordonnance avant d'y poser le coloris, et que toutes ces choses doivent non seulement le

1. Page 100.
2. Page 227.

précéder, mais le gouverner et le conduire. C'est pourquoi je supplie la Compagnie de vouloir délibérer, me soumettant, avec tout le respect que je dois, à ses décisions.

Ce discours a été prononcé pour ouverture de la conférence (un mot illisible) en l'Académie, le sixième jour de mars, par M. de Sève le puiné. Fait le 6 mars 1677.

H. TESTELIN.

CONFÉRENCE SUR LE COLORIS
DE DESPORTES

Le procès de la couleur et du dessin est de ceux qui ne finissent pas : nous le retrouvons, tout à fait à la fin du xvii⁰ siècle, dans les ouvrages de Roger de Piles, qui est un partisan du coloris ; au xviii⁰, l'Académie elle-même semble se prononcer en faveur de la couleur. Les archives de l'École des Beaux-Arts renferment deux conférences de Desportes sur le Dessin et le Coloris [1] ; on verra par le ton général que si la cause de la couleur n'est pas entièrement gagnée, elle a fait du moins de grands progrès. A quelle date furent prononcés ces discours ? L'auteur déclarant que l'École Française « s'est distinguée depuis plus d'un siècle dans le coloris », nous croyons qu'ils se placent cent ans environ après la fondation de l'Académie de Peinture.

La conférence sur le Dessin ne nous fait rien connaître de bien nouveau. L'auteur distingue dans cet art « deux parties, dont j'appellerai l'une, dit-il, en quelque sorte matérielle et mécanique et qui

---

1. Le manuscrit ne porte pas expressément le nom de Desportes ; mais l'écriture, très originale et reconnaissable, ne laisse aucun doute sur la personnalité de l'auteur.

consiste dans la justesse de l'œil et la liberté de la main, dans la précision des mesures et la correction des contours fondées réciproquement sur la connaissance de la géométrie, de la perspective et de l'anatomie ; la seconde que j'appellerai spirituelle et qui donne la vie à la première, consiste dans le bon goût, l'élégance, la grâce et les passions de l'âme en tant qu'elle a rapport au dessin. »

L'auteur montre très justement la nécessité d'acquérir de bonne heure une grande facilité de main et une connaissance sérieuse du métier. Puis il passe à la partie « spirituelle », dans laquelle il ne voit pas autre chose que « le bon goût, l'élégance, les grâces et l'expression des passions ». Il convient de retenir la définition du bon goût qui montre comment les artistes comprenaient encore l'étude de la nature. « Le bon goût dans le dessin, comme en toute autre chose, n'est pas facile à définir, quoiqu'il se fasse aisément apercevoir à ceux qui n'en sont pas entièrement dépourvus. C'est en général un discernement fin et délicat qui fait sentir à la vue des objets ce qu'ils ont de plus beau, de plus piquant, de plus convenable à imiter, et qui saisit, pour ainsi dire, en volant, les tours les plus heureux ou les grâces passagères que la nature toute simple présente quelquefois, mais mêlés avec des défauts que ce même bon goût fait éviter... Le bon goût du dessin consiste premièrement dans le choix des plus belles proportions, et sur cela on trouve de grands secours dans les sculptures antiques qui ont formé le goût des plus grands dessinateurs. Peut-on faire mieux que de puiser, dans cette source de beautés consacrées par l'approbation de tant de siècles, le choix délicat des proportions les plus élégantes, selon la convenance des sujets représentés? Un dieu, un héros, un homme ordinaire y sont désignés par des caractères propres et distinctifs, par des proportions plus robustes ou plus délicates. C'est de ces chefs-d'œuvres qu'il faut apprendre à bien choisir la nature dans son infinie variété, à la consulter sans cesse pour varier comme elle, ainsi qu'à donner à chaque objet noble ou rustique tout l'agrément dont il est susceptible dans son genre. Il faut étudier aussi d'après l'antique non seulement la précision, mais encore l'élégance des contours que l'on peut dire être au dessin ce que les tours heureux sont aux pensées. Le bon et le mauvais écrivain ont souvent le même fond d'idées; c'est le tour qui les distingue. »

Nous donnons dans son entier la conférence sur le coloris, qui marque bien l'état de la question près d'un siècle après la discussion des Champaigne et de Blanchard.

LE COLORIS

Les prérogatives admirables et bien fondées du dessin considéré dans la totalité des parties estimables qui le composent, jointes à son utilité reconnue et très universelle, ont prévenu justement en sa faveur toutes les personnes éclairées et savantes qui en font cas, principalement quand il est encore accompagné d'une invention ingénieuse et abondante, comme il paraît chez les grands maîtres des écoles de Florence et de Rome. On sait encore que c'est aux restes précieux de sculpture antique échappés au temps et aux Barbares, destructeurs de l'empire Romain, qu'on doit pour ainsi dire la résurrection de la peinture et de la sculpture; et par conséquent c'est au dessin que l'honneur en est dû, puisqu'il brille dans ces chefs-d'œuvre avec tout son éclat.

C'est par le dessin et la composition que Léonard de Vinci, Michel-Ange et Raphaël se sont acquis une si grande réputation dans le monde, et c'est le dessin seul que nos premiers peintres français allaient étudier en Italie d'après ces fameux peintres. Le Poussin même, le Raphaël français, enthousiasmé des beautés de l'antique, mettait le dessin au-dessus du coloris. D'un autre côté, Vouet, qui a été le maître de tous nos habiles artistes, les a tous infectés de sa manière triviale et maniérée. Enfin le coloris a été longtemps ignoré : que dis-je? on en faisait peu d'état. Les brillants ouvrages de l'École de Venise auraient bien dû détruire ce préjugé invétéré et inconcevable. Car enfin est-il rien de plus bizarre que cette idée de la peinture sans couleur? et peut-on appeler peintres ces anciens Italiens et Français, dont la couleur paraît moins avoir pour but d'imiter celle de la nature que d'en rappeler tout au plus un léger souvenir, et dont les tableaux, si l'on ose le dire, ne sont guère au-dessus des simples camaïeux?

On alléguerait en vain, pour donner la préférence au dessin, que la couleur ne peut subsister sans lui, et qu'étant le fondement de la peinture, il est plus noble que ce qu'il soutient. C'est comme si l'on disait, en voyant un beau morceau d'architecture, que ce qu'on en doit le plus admirer, ce sont les fondations. Il faut pourtant convenir qu'on est bien revenu de ce préjugé. L'École Française a reconnu le prix du coloris; elle s'y est distinguée depuis près d'un siècle, et s'y distingue encore de nos jours avec gloire et sans préjudice du dessin, dans la ferme persuasion que ce sont deux parties très essentielles l'une et l'autre, et à peu près d'une égale nécessité.

Ainsi, après avoir osé produire mes idées sur le dessin, je crois pouvoir hasarder quelques remarques sur le coloris et le clair-obscur, qui sont à la vérité inséparables en opérant, mais qu'il faut pourtant séparer en écrivant, pour les traiter avec ordre ; c'est ce que je vais essayer en commençant par la couleur, qui paraît nécessairement unie à la lumière et l'ombre dans chaque objet en particulier, me réservant à traiter à part de la distribution des lumières et des ombres par rapport à l'effet du tout ensemble.

Pour conserver plus de simplicité dans mes remarques sur le coloris, j'y garderai le même ordre qu'en parlant du dessin, et je suivrai les mêmes divisions qui seront : la justesse des tons et la correction de la couleur locale, ensuite le bon goût de couleur en général, son élégance particulière, la grâce du pinceau et l'achèvement de l'expression des passions de l'âme commencée par le dessin.

La justesse des tons consiste à éclairer avantageusement les objets et à bien imiter les différents degrés des lumières, des demi-teintes, des ombres et des reflets. C'est par cette justesse de tons qu'on parvient à anéantir la superficie plate de la toile, à donner de la rondeur et du relief aux objets et à les faire sortir du tableau ; mais, pour rendre complète cette illusion aimable, il faut joindre à la justesse des tons la correction des couleurs locales. Cette correction, chez ceux qu'on a appelés les grands maîtres, n'est rien moins que commune, et celle du dessin est bien moins rare que la première. Ceux mêmes de la plus grande réputation, comme Michel-Ange, Jules Romain et plusieurs autres, n'ont eu, la plupart, qu'une certaine routine de teintes générales, toujours les mêmes et quelquefois même sauvages, triviales, sans vérité et sans variété. On a depuis vu des peintres, habiles d'ailleurs, lesquels ont suivi ces mauvais exemples trop autorisés, chez qui cette première habitude était si forte, qu'en travaillant même d'après nature, ils ne la voyaient plus qu'au travers de ce verre défectueux, et comme ils avaient pris mal à propos la coutume de la peindre. Cependant la vérité est la base de la peinture : rien n'est beau comme le vrai; le vrai seul est en droit de plaire à tous, connaisseurs et autres; il est le but de toutes les sciences, mais il doit briller éminemment dans l'art de peindre. Les autres arts ne font qu'en rappeler les idées; mais la peinture le rend présent et ne tend pas à moins qu'à faire prendre son imitation pour la réalité même.

Il ne faut pas croire pourtant qu'il suffise d'imiter servilement le naturel tel que le hasard le présente. Comme il faut en dessinant faire un choix de belles formes, il en faut faire un des couleurs les plus favorables à l'imitation. C'est au bon goût à faire ce choix, et selon ce qui peut produire un meilleur effet, et selon la convenance du sexe, de l'âge et des conditions. La chair délicate des femmes, des enfants, doit être peinte différemment de celle des hommes : un Hercule n'est pas colorié comme un Adonis, ni Vulcain comme Apollon ; Vénus et les Grâces doivent être distinguées par la beauté des couleurs, comme par celle des traits du visage et des proportions du corps.

C'est alors qu'on exige, s'il est permis de le dire, l'élégance du coloris ainsi que celle du dessin ; cette élégance consiste encore dans l'heureux assemblage de plusieurs couleurs rompues, amies et voisines les unes des autres, qui, ayant de l'union et de la sympathie entre elles, sont soutenues par des couleurs fortes et brunes, comme dans la musique les sons doux et les accords sont soutenus par les basses. Il y a de l'élégance dans les passages insensibles d'un ton à un autre, dans la comparaison qui fait valoir les couleurs, dans les oppositions, dans ce qu'on appelle la perspective aérienne, qui n'est autre chose que l'altération des couleurs par l'interposition de l'air. Elle est plus ou moins sensible selon qu'il est plus pur ou plus épais, et se fait mieux remarquer en pleine campagne que dans un lieu fermé. Les divinités que l'on représente sur des nuages, et qui sont pénétrées de la lumière céleste, doivent en participer plus que les objets terrestres ; mais c'est surtout dans les paysages qu'il faut s'attacher à bien peindre l'air qui est entre l'œil et les objets éloignés.

Il y a enfin de l'élégance dans la communication des couleurs et des lumières, au moyen des reflets qui concourent à l'harmonie avec les diverses couleurs des draperies et étoffes, auxquelles on donne les tons arbitraires qui conviennent à l'accord général, à l'exemple de Paul Véronèse qui en a fait cet excellent usage, joignant l'élégance des coloris à la grâce du pinceau.

Il n'est pas douteux que le peintre doit tâcher de répandre cette grâce sur ce qu'il peint comme sur ce qu'il dessine, imitant en cela le Corrège dont on a dit que le dessin, quoique incorrect, était tracé par les Grâces, et que le pinceau paraissait manié par la main d'un ange. Il est même important, pour être bon coloriste, d'avoir un pinceau gracieux, libre et léger, parce que les couleurs qui ne sont point trop agitées et tourmentées par une main pesante, en conservent bien mieux leur fraîcheur et leur vivacité, et les touches paraissent plus spirituelles et plus faciles. Car les hommes sont singuliers; ils ne se contentent pas du bon : ils ne veulent pas sentir la peine qu'on a prise à le faire. Cependant on ne peut bien faire sans peine; mais l'artiste prudent, après avoir bien travaillé le dessous, peut cacher son travail par des touches libres, convenables au caractère des objets; ces touches, en effet, égaient l'ouvrage, semblent lui donner plus de feu et de vie : elles font partie des grâces du pinceau.

On exige de même qu'il n'existe rien de gêné ni de forcé dans l'expression des passions. Je suppose que le dessin en a tracé savamment les traits, mais il faut leur donner l'âme du coloris. C'est le coloris qui marque le véritable tempérament des personnes, si important pour la ressemblance des portraits. On sait que la colère et la honte font monter le sang au visage qui paraît enflammé ; la crainte le fait retirer auprès du cœur et abandonner les extrémités ; alors le visage reste pâle et défait. Dans la tristesse, il est plombé, et livide dans le désespoir. Rubens a bien observé ces délicates nuances dans Marie de Médicis qui vient de mettre au monde Louis XIII ; les traits expriment avec art la douleur et la joie réunies ; mais la rougeur des yeux et la couleur du visage y ajoutent infiniment. Enfin, c'est surtout au coloris qu'il appartient de représenter la pudeur, que quelques-uns ont appelée le vermillon de la vertu, et de donner la vie aux traits formés par le dessin pour exprimer toutes les passions.

Ces avantages du coloris suffiraient pour en rendre recommandable l'étude approfondie ; mais comme il ne suffit pas, pour faire un beau tableau, que chaque objet soit bien peint et bien éclairé en particulier, et qu'il doit concourir à l'effet général, il faut joindre à la couleur l'intelligence du clair-obscur pour parvenir à la beauté du tout ensemble.

Il semble qu'on ne puisse donner d'idée plus sensible du clair-obscur qu'en citant la fameuse grappe de raisin du Titien, dont tous les grains exposés à la lumière font une masse claire et ceux qui en sont privés une masse brune, au lieu que les grains dispersés ayant chacun leur lumière et leur ombre fatigueraient la vue en la divisant. Le clair-obscur n'a presque point été connu de la plupart des grands maîtres d'Italie, non plus que le coloris; l'un et l'autre sont à peu près de même date, et ce sont les grands coloristes de Venise, le Giorgione et le Titien, qui l'ont inventé et pratiqué. Polidore de Caravage, disciple de Raphaël, quoique fort attaché aux antiques, en a connu le mérite. On voit, dans ses belles frises peintes de blanc et de noir, ou dans les estampes qui en ont été gravées, qu'il a disposé ses groupes par masses de lumière et d'ombre avec un art infini. Otto Venius, maître de Rubens, a fait connaître le clair obscur en Flandre; mais Rubens s'en est toujours fait un principe perpétuel et décidé, et il en a si bien fait sentir l'utilité dans ses grands ouvrages, que tous les peintres des Pays-Bas l'ont suivi, et se sont rendus célèbres par cette partie, qui semble presque inséparable du bon goût de couleur auquel ils se sont attachés avec tant de succès. L'expérience est un grand maître, et l'effet enchanteur des tableaux de ceux qui ont possédé l'intelligence du clair-obscur pouvait suffire pour exciter à l'acquérir ceux qui courent la carrière de la peinture, d'autant plus qu'il est aisé de remarquer que cette partie sert à faire valoir et à mettre dans un beau jour les autres parties de ce bel art. Dans ceux qui l'ont négligée, on aperçoit bien, à la vérité, en les regardant avec attention, de grandes beautés de détail ; mais il y a toujours dans le tout ensemble une froideur, une espèce d'insipidité qui n'invite point le spectateur à venir admirer. L'intérieur du bâtiment est beau, mais la façade ne donne pas le désir d'y entrer.

Outre tant de conséquences naturelles qu'on peut tirer de tant d'expériences réitérées en faveur du clair-obscur, on peut y joindre encore des raisons philosophiques et frappantes tirées de la nature même de l'homme, de l'analogie des sens et de l'uniformité des principes des autres parties de la peinture.

Les hommes ne peuvent penser attentivement qu'à une seule chose à la fois : s'ils veulent penser à plusieurs, leurs idées se brouillent et se confondent. De là vient la règle établie de l'unité d'action dans les pièces de théâtre et que le peintre doit observer dans ses compositions. Les yeux du corps, comme ceux de l'esprit, ne veulent point de distraction ni de partage, et ne voient avec plaisir un tableau que quand le tout ensemble forme une espèce d'unité d'objet.

A l'égard de l'analogie des sens, je ne parlerai que de ceux de la vue et de l'ouïe. Si plusieurs personnes parlent séparément ou chantent différents airs dans un même lieu, il est certain qu'on ne sait auquel entendre et qu'on n'entend réellement rien. Si l'on jette les yeux sur une prairie émaillée de mille et mille fleurs, il est sûr qu'on n'en distingue précisément aucune, et qu'on ne voit qu'une masse brillante, mais confuse.

Reste l'uniformité des principes de toutes les parties de l'art. Je ne citerai que le principe le plus général qui est la nécessité du bon choix dans tous les objets visibles. Le compositeur doit choisir des sujets favorables et des dispositions heureuses, le dessinateur doit faire choix des plus belles formes ; on a vu que le naturel simple et pris au hasard ne suffit pas au coloriste; pourquoi ne ferait-on pas un choix judicieux des lumières et des ombres pour les distribuer d'une manière avantageuse, et sur les objets particuliers, et sur la totalité de ces mêmes objets, pour en former un beau tout ensemble?

Cependant si l'on suivait grossièrement et trop à la lettre le principe de la grappe de raisin, il en résulterait sans doute trop de ressemblance entre les tableaux dans cette partie, et l'on n'ignore pas que la répétition est mère de l'ennui. Ce n'est donc pas assez de posséder cet art, il faut encore avoir celui de le cacher. Outre les reflets au moyen desquels on peut faire voir les objets comme éclairés, quoique d'un ton plus sourd, on peut faire glisser dans les masses d'ombre des communications de lumière qui céderont toujours à la principale par leur peu d'étendue. On peut avoir recours au corps des couleurs pour introduire des masses brunes dans les masses claires qu'elles feront briller par opposition, comme ferait celle d'un nègre auprès d'une chair tendre et délicate, de toutes sortes de draperies dont les couleurs brunes subsistent exposées à la lumière. Les animaux, les fleurs et les fruits fournissent beaucoup de couleurs claires ou brunes qu'il ne faut que savoir arranger avec art pour en tirer l'effet attendu. On fait encore usage avec succès des ombres accidentelles, c'est-à-dire dont la cause est hors du tableau, pourvu qu'elles soient vraisemblables, comme dans le paysage où les nuées produisent naturellement ces effets qui servent à faire fuir les divers terrains. Mais il faut éviter ces prétendus repoussoirs amenés par force et sans vérité, ne point sacrifier aux ombres les plus noires les trois quarts d'un tableau pour faire briller l'autre, et sur toutes choses ne jamais altérer la vérité des couleurs locales, sous quelque prétexte que ce soit, et ne point oublier que le premier, le suprême mérite de la peinture est la ressemblance exacte et fidèle aux objets qu'on représente.

Tout cela prouve qu'il faut beaucoup d'industrie pour cacher l'artifice du clair-obscur.

La véritable essence de la peinture étant l'imitation de la nature visible, et la nature n'étant visible que par la lumière et la couleur, on ne peut nier que l'art du coloris soutenu par celui du clair-obscur ne mérite de la part des peintres toute l'application dont ils sont capables. Ceux qui s'adonnent aux genres particuliers sont d'autant plus obligés à s'efforcer de les acquérir et de briller par cette magie de l'art qu'ils n'ont pas, comme les peintres d'histoire, de quoi suppléer à son défaut par les beautés savantes de la composition que beaucoup de personnes d'esprit et de savoir ont certainement tort de regarder comme la seule partie spirituelle de la peinture. Je le répète encore : il faut du moins (si l'on ose le dire) une aussi grande quantité d'esprit, quoique d'une autre espèce, pour apprendre cette magie que pour réussir dans le dessin et la composition. Cette partie est d'autant plus difficile qu'elle dépend de la physique la plus fine et la plus abstraite, qu'elle ne peut avoir de règles absolument fixes, attendu qu'elles varient selon les circonstances innombrables, et qu'enfin elle demande à chaque tableau les ressources nouvelles d'un génie toujours heureux et qui ne s'épuise jamais. On sait que c'est par cette partie que les bons tableaux vénitiens et flamands sont admis avec estime dans les cabinets des curieux et sont achetés très chèrement.

Après l'éloge du coloris, il semble qu'il faudrait parler de sa pratique; mais, comme chacun a la sienne, on n'en peut rien dire de précis ni par conséquent d'utile; au reste, quoique je me sois conformé avec regret à l'usage de ceux qui ont écrit sur la peinture et qui ont toujours évité de parler des peintres vivants, sans doute pour de bonnes raisons, n'ayant cité que les anciens, je ne puis m'empêcher d'avertir les étudiants qu'ils trouveront d'utiles instructions chez les artistes de nos jours, spécialement sur le coloris. Outre la raison tirée de leur habileté, j'y joins celle d'y trouver les principes plus clairs et plus débarrassés dans des tableaux nouvellement peints que dans les anciens, dont le temps a changé plus ou moins les teintes. De plus, pour ce qui concerne la pratique, si ceux qui les enseignent permettent qu'ils voient leurs ouvrages commencés, comment ils les ébauchent et préparent les dessous avant de finir et de donner les dernières touches, il est certain que les élèves apprendront plus en les regardant faire et en pratiquant sous leurs yeux qu'ils n'apprendraient dans tous les livres du monde.

DEUXIÈME PARTIE

CONFÉRENCES DE LE BRUN

DE PHILIPPE ET DE JEAN-BAPTISTE DE CHAMPAIGNE

DEUXIÈME PARTIE

CONFÉRENCES DE LE BRUN
DE PHILIPPE ET DE J.-B. DE CHAMPAIGNE

Nous publions ici toutes les conférences inédites de Le Brun, de Philippe et de Jean-Baptiste de Champaigne dont les manuscrits existent aux Archives de l'École des Beaux-Arts. Nous ne donnons aucune des conférences recueillies en 1883 par M. Jouin dans Félibien, dans Testelin ou dans Guillet de Saint-Georges; nous ne donnons pas non plus la conférence de Le Brun sur l'Expression des passions, dont il existe de nombreuses éditions. Le lecteur ne trouvera ici que les discours non encore imprimés des trois peintres.

En dehors des conférences antérieurement publiées et de celles que nous avons transcrites ici, en existe-t-il d'autres de Le Brun ou des Champaigne ? et s'il en existe, peut-on espérer les retrouver ? La question vaut qu'on l'examine.

Nous avons expliqué ailleurs[1] que, grâce aux procès-verbaux de l'Académie, à la Vie de Charles

---

1. Quid Carolus Le Brun de arte sua senserit. Paris 1903, préface.

Le Brun, de Nivelon, aux témoignages de Félibien, de Testelin et de Guillet de Saint-Georges, nous sommes à peu près sûrs de posséder l'énumération complète de tous les écrits de Le Brun, qui se bornent à deux conférences de l'année 1667, à une série de conférences sur l'expression et la physionomie, au Sentiment sur le discours du mérite de la couleur de Blanchard, et au discours sur le Ravissement de saint Paul de Poussin. Or de ces diverses œuvres, il n'y a que les conférences ayant précédé et suivi l'Expression des Passions et la conférence sur la Physionomie qui nous manquent. A vrai dire, nous en connaissons les idées générales par Testelin (discours sur l'Expression) et même par quelques passages de Nivelon. Mais le texte authentique semble définitivement perdu. Nous avons donné plus haut le Sentiment sur le discours du mérite de la couleur ; nous donnerons dans cette seconde partie la conférence sur le Ravissement de saint Paul. Ce sont les deux seules pièces qui soient restées inédites [1].

En ce qui concerne les conférences de Champaigne, Guillet de Saint-Georges nous a laissé deux indications précieuses. Par la première, nous appre-

---

1. Le texte exact du manuscrit de la conférence sur l'Expression des Passions, tel qu'on le trouve aux Archives des Écoles des Beaux-Arts, n'a jamais été publié ; mais il ne diffère que sur des points peu importants de l'édition de 1698 et d'un autre manuscrit, publié par M. Jouin dans son ouvrage sur Charles Le Brun.

nons que Philippe de Champaigne fit à l'Académie plusieurs discours : « un sur le tableau du Titien, représentant le corps du Sauveur qu'on porte au tombeau, un sur la Rébecca de M. Poussin, un sur l'effet des ombres, un sur l'Enfant Jésus du Titien, un contre les copistes des manières, et un sur l'Enlèvement de Déjanire du Guide[1]. » Or, à part la conférence sur la Rébecca et la conférence sur le Moïse de Poussin (qui fut relue le 5 décembre 1682, puis le 6 février 1694, et donna aux académiciens l'occasion de discuter « s'il est permis de mêler l'allégorie avec l'histoire[2] »), nous possédons tous les discours dont parle Guillet, et nous les avons tous publiés dans cet ouvrage, exception faite de celui qui fut prononcé en 1667 (sur la Mise au tombeau du Titien) et que Félibien a imprimé. Nous avons même retrouvé le manuscrit d'un discours sur la sainte Famille de Raphaël, prononcé le 2 mars 1669, auquel les procès-verbaux ne font allusion qu'en 1681. Nous l'avons joint aux autres, et c'est pourquoi il nous semble que nous possédons à peu près tout ce qu'a écrit Philippe de Champaigne.

La seconde indication de Guillet concerne Jean-Baptiste de Champaigne : « Il composa, dit-il, plusieurs discours qu'il lut à l'Académie : un sur l'Arche d'alliance, de M. Poussin ; un sur Ruth qui

---

1. Mémoires sur la vie. I, I, p. 244.
2. Procès-verbaux.

glanc, de M. Poussin ; un sur le mérite du dessin ; un contre les copistes des manières; un sur les Bacchanales de M. Poussin; un sur les circonstances qu'il faut observer en traitant l'histoire dans les tableaux; un sur les Pèlerins d'Emmaüs du Titien; un sur une Madeleine du Guide[1]. »

Si nous remarquons que le discours sur le mérite du dessin est certainement le même que la réponse à Blanchard, et que le discours contre les copistes des manières doit être restitué à Philippe de Champaigne[2], nous sommes en droit de dire que nous possédons probablement toutes les conférences de Jean-Baptiste de Champaigne, sauf celle qui étudie « les circonstances qu'il faut observer en traitant l'histoire dans les tableaux[3] ». Car nous possédons les manuscrits de tous les discours dont parle Guil-

1. Mémoires sur la vie...., t. I, p. 349.
2. D'ailleurs Guillet de Saint-Georges, dans le passage cité plus haut, attribue aussi à Philippe de Champaigne une conférence contre les copistes des manières. Il n'est pas probable que le sujet ait été traité à la fois par l'oncle et par le neveu; si le fait se fût produit, il aurait certainement été remarqué et mentionné. Or le seul manuscrit que nous possédions semble précisément de la main même de Philippe de Champaigne.
3. Cette conférence même est-elle de J.-B. de Champaigne ? Le procès-verbal du 7 décembre 1697, fait mention d'un « discours de feu M. de Champaigne l'Oncle, sur l'histoire et la composition du tableau », qui me semble le même que celui dont parle Guillet de Saint-Georges. Il est donc bien difficile de déterminer l'auteur de ce discours : on peut même se demander si ce n'est pas sous un autre titre une des conférences qui roulèrent sur ce sujet, comme, par exemple, celle de Rébecca. En tous cas, à moins d'un hasard heureux, nous ne serons sans doute jamais fixés sur ce point.

lef, et les procès-verbaux n'en mentionnent aucun autre, quoique, depuis la fin de 1693 jusqu'à la fin de 1698, l'Académie semble avoir pris à tâche de relire toutes les ouvertures de conférence des deux Champaigne.

Nous avons donc la plupart des conférences de Le Brun et des deux Champaigne, puisqu'il n'en manque que deux ou trois du premier, deux de Philippe de Champaigne et une de Jean-Baptiste; et quoique nous ne puissions guère espérer retrouver les discours perdus, nous sommes en mesure de juger la valeur de ces trois peintres comme critiques d'art. Pour ce qui concerne Le Brun, il est indispensable de compléter par les discours de 1667 et la conférence sur l'Expression des passions, les deux pièces curieuses que nous transcrivons ici; mais, pour les Champaigne, les nombreux discours que nous donnons suffisent à les faire connaître comme théoriciens de la peinture. Il faut regretter seulement que la conférence de Rébecca soit à jamais perdue[1], quoique Guillet de Saint-Georges, dans son mémoire sur Philippe de Champaigne, nous en ait donné une longue et intéressante rela-

1. Une note inscrite au xviii° siècle sur le cahier des Archives de l'Ecole des Beaux-Arts qui avait dû contenir la conférence, signale que « l'original manque ». Mais les procès-verbaux nous apprennent que cette conférence fut relue très souvent au xvii° siècle, le 2 décembre 1679, où elle fut « fort estimée », le 6 juin 1682, le 10 octobre 1682, le 3 octobre 1693.

tion. On verra que si les documents sont importants pour l'histoire des théories de l'art français, ils ne prouvent pas que les artistes aient été capables de faire comprendre aux étudiants ou au public le mérite véritable des belles œuvres.

# I

CONFÉRENCE DE LE BRUN

DISCOURS DE M. LE BRUN

SUR LE TABLEAU DU RAVISSEMENT DE SAINT PAUL

10 janvier 1671[1]

MESSIEURS,

Nous avons tâché de faire entendre dans les assemblées précédentes combien de choses étaient nécessaires aux peintres; mais l'on ne s'était point encore imaginé qu'ils eussent une théologie muette, et que, par leurs figures, ils fissent connaître les mystères les plus cachés de notre religion. Néanmoins cela n'est pas nouveau. Les Égyptiens, les Grecs et les Romains n'ont pas ignoré cette belle partie : toute leur théologie était représentée sous des figures que les peintres et les sculpteurs avaient inventées.

---

1. Le 6 décembre 1670, Nocret avait traité le même sujet, mais au point de vue des qualités techniques. Son discours est d'ailleurs peu intéressant. Celui de Le Brun a du moins le mérite de montrer quelles préoccupations étrangères à l'art hantaient parfois les peintres du XVIIe siècle.

Il ne faut donc pas s'étonner si je prétends aujourd'hui de vous faire voir que M. le Poussin a aussi parfaitement imité ces grands hommes dans cette partie toute mystérieuse qu'il les a suivis dans la justesse de leurs proportions et la beauté de leurs contours.

Le tableau que j'apporte ici de ce fameux peintre sera un exemple de cette partie toute spirituelle où chaque figure cache autant de mystères.

C'est, Messieurs, ce que je me suis proposé de vous faire voir par la suite de cet entretien.

Il faut premièrement remarquer dans ce tableau pourquoi M. le Poussin n'a mis que trois figures d'anges pour soutenir saint Paul, et pourquoi il les a peints dans l'aspect et dans l'action où ils sont, et d'où vient qu'il les a vêtus de la manière et de la couleur que nous les voyons. Toutes ces choses méritent un peu d'application pour en faire les remarques que nous voulons faire.

Nous commencerons donc par l'ange qui est le plus apparent. Cette figure paraît toute de profil; son visage regarde en haut. Toutes les parties de son corps paraissent fortes et robustes; son bras droit est étendu et soutient avec violence la jambe droite de saint Paul.

Cet ange est vêtu d'une draperie qui paraît d'une étoffe déliée; sa couleur est d'un jaune doré. Il a une étole fort riche qui lui ceint le corps; ses jambes semblent encore soutenir la figure du saint.

L'autre figure d'ange qui est au côté gauche de saint Paul paraît presque toute dans l'ombre. Il a le visage de trois quarts et il regarde en haut ; son bras gauche soutient doucement la jambe gauche du saint qui est comme tombante en bas ; le vêtement de cet ange est d'un bleu obscur ; sa manche est retroussée sur son bras et toute son action paraît moins forte et moins violente que celle du premier, et tous ces deux anges ne montrent que chacun un bras.

Le troisième ange qui est élevé au-dessus des deux autres a le visage droit et presque tout de front, et tout ce qui paraît de son corps est en la même situation que son visage. Il a les yeux baissés pour regarder saint Paul auquel il montre de la main droite la lumière de la gloire, et de l'autre il soutient doucement la main gauche de Saint Paul ; son vêtement est de la couleur de la lumière qui éclaire tout le tableau, et cette même lumière éclaire particulièrement cet ange qui la reçoit tout à plein.

Le saint paraît tout ravi ; son visage est élevé vers le ciel ; ses yeux regardent en haut ; sa tête est tournée du côté de l'ange qui est le plus élevé, et semble s'appuyer un peu sur le sein de cet ange. Il a les deux bras ouverts et le corps presque tout droit. Sa jambe droite est élevée ; la jambe gauche est pendante en bas ; toute cette figure est couverte d'un grand manteau rouge qui lui environne le corps ; sa robe de dessous est verte, dont on ne voit qu'une partie autour de la jambe et autour des bras.

Et la couleur de l'air qui environne les figures paraît lumineuse et enflammée.

Au bas de ce tableau, on voit une épée couchée sur un livre.

Après avoir examiné ces figures, je n'y vois rien qui ne me paraisse mystérieux.

Les trois anges qui élèvent saint Paul figurent trois différents états de la grâce.

Le premier ange qui est vêtu de jaune représente l'effet de cette grâce que les théologiens appellent prévenante et efficace, qui tira saint Paul du péché pour en faire le flambeau de l'Église de Jésus-Christ.

Et comme cette grâce est toute forte et puissante et qu'elle est pleine de lumière, M. le Poussin, pour en représenter la force, a peint un jeune homme robuste qui fait une action violente pour enlever le saint qu'il soutient, et par cet effort semble l'arracher de la terre pour l'élever au ciel, et exprimer par cette action les paroles que ce saint entendit à l'instant de sa conversion : « Il t'est dur de régimber contre l'aiguillon », ou « Il t'est difficile de résister au mouvement de ma grâce qui te presse pour te convertir ».

L'étole que cet ange porte autour de son corps

montre la puissance de cette grâce; car l'on sait que l'étole est une marque de puissance et d'autorité, et M. le Poussin ne pouvait pas mieux représenter le pouvoir efficace de la grâce que par ce symbole.

Quant au vêtement jaune dont cet ange est couvert, il faut considérer que comme cette couleur représente celle de l'or et de la lumière, l'on peut dire aussi que, par ce vêtement, le peintre a représenté la lumière et la pureté de la grâce dont ce saint fut rempli au moment de sa conversion; mais comme cette grâce n'est que dans son commencement et n'a pas encore atteint en lui l'état de la perfection, aussi M. le Poussin a situé cette figure d'une manière où elle ne montre qu'une partie de son corps et un bras. Si cet ange regarde en haut, l'on peut dire que M. le Poussin lui a donné cette action pour montrer que la grâce qu'il représente vient du ciel.

Le second ange qui paraît dans l'ombre figure l'état de cette grâce comitante ou aidante, qui n'est pas si éclatante que la première, et qui ne soutient pas avec tant de force, nous abandonnant à nous-mêmes pour nous faire connaître notre infirmité; ainsi l'action de cet ange ne paraît pas si violente que celle du premier.

La jambe du saint qui descend en bas exprime le penchant que ce saint avait au péché, comme il le dit lui-même en plusieurs endroits dans l'Epître aux Romains en ces termes : « Je suis charnel et vendu sous le péché : je n'approuve pas ce que je fais, parce que je ne fais pas le bien que je veux et que je fais le mal que je ne veux pas. »

La main de l'ange qui soutient la jambe de ce saint représente le secours qu'il recevait de la grâce lorsqu'il était près de tomber, comme il l'exprima par ces paroles : « Ma grâce te suffit, car la vertu se perfectionne dans la faiblesse »; et c'est encore ce qui est fort bien figuré par la situation de cet ange qui est vu de trois quarts, pour montrer que le second état de la grâce est plus parfait que le premier, encore qu'il ne soit pas si brillant ni si visible.

Cet ange est vêtu d'un bleu brun, parce que cette couleur représente celle de l'air lorsqu'il est agité et brouillé. M. le Poussin ne pouvait pas mieux représenter l'état des tribulations que ce grand saint sentait en lui-même lorsqu'il disait : « Je vois une autre loi en mes membres qui résiste à la loi de mon entendement et me rend captif sous la loi du péché qui est en mes membres (*aux Romains, chap. VII*).

Le troisième ange qui a le corps droit et le visage presque de front, qui regarde saint Paul en lui montrant de la main droite la lumière de la gloire, et qui de l'autre bras soutient la main de ce saint, figure l'état parfait et constant de cette grâce abondante et triomphante qui accompagne les élus en cette vie, qui les soutient et les regarde toujours pour les conduire à une fin bienheureuse.

La grande lumière qui éclaire cet ange et la couleur de son vêtement montrent que la grâce qu'il représente est toute divine, et que ceux qui en sont remplis jouissent dès cette vie de la félicité des saints, et c'est ce que saint Paul exprime par ces paroles : « Je connais un homme en Christ qui a été ravi jusqu'au troisième ciel, soit en corps, soit en esprit, Dieu le sait; mais je sais bien que cet homme a été ravi jusqu'au paradis et a ouï des mystères ineffables qu'il n'est pas permis à l'homme de dire » (2ᵉ *épître aux Corinthiens, chap. XII*, V, 2 et 3).

Le saint apôtre qui a les bras ouverts, la tête et la jambe droite levées, n'exprime-t-il pas très parfaitement le désir ardent qu'il avait de s'élever à Dieu par des actions correspondantes aux mouvements de la grâce qui le soutenait, et la jambe baissée qui paraît dans l'ombre ne marque-t-elle pas l'infirmité humaine dont ce saint se plaint souvent?

Le manteau rouge qui couvre tout le corps de cet apôtre ne représente-t-il pas bien par sa couleur rouge l'ardente charité dont il était embrasé, lorsqu'il disait ces paroles pleines d'amour pour ses frères : « Je souhaite d'être moi-même anathème pour mes frères. » Sa robe verte qui ne couvre que le haut de la jambe droite et le tour des bras ne figure-t-elle pas l'espérance qu'il avait de s'élever à Dieu par ses œuvres?

L'épée qui est couchée sur un livre n'est pas là sans raison. M. le Poussin n'ignorait pas que saint Paul n'avait pas encore souffert le martyre quand il fut ravi, et par conséquent qu'il n'en pouvait pas porter des marques. Mais comme tout est mystérieux dans ce tableau, je crois que cette épée n'a été mise là que pour montrer que ce grand apôtre avait été le défenseur de l'Église, et qu'il avait soutenu le nom de Jésus-Christ aux dépens de sa vie, et qu'il avait retranché du glaive de ses écrits toutes les hérésies qui commençaient à se former dans l'Église.

L'air échauffé qui paraît autour des figures n'est pas sans mystère. Je crois qu'il est ainsi pour montrer que ceux qui veulent s'élever dans la grâce ne doivent point être tièdes, mais qu'il faut qu'ils soient ardents et échauffés pour profiter de la grâce.

Il y aurait encore bien des choses à vous faire remarquer dans ce tableau; mais je crois que j'en ai dit assez pour vous faire connaître que les peintres ne travaillent pas seulement de la main, ni que leurs ouvrages ne sont pas faits seulement pour le plaisir des yeux, mais qu'ils peuvent encore satisfaire et instruire l'esprit par cette belle partie spirituelle que M. le Poussin a fait entrer si heureusement dans tous ses ouvrages.

Remarques à faire aux diverses choses qui n'ont pas encore été observées.

Premièrement :

Quels sont les mouvements qui expriment le ravissement.

C'est l'effet d'un transport qui élève l'âme au-dessus d'elle-même pour la joindre et l'unir à l'objet qui en est la cause; et il arrive que lorsqu'elle est en cet état toutes les parties du corps suivent ce même mouvement, et particulièrement celles du visage, comme pour goûter avec elle les douceurs dont elle jouit; et c'est pour cela que ce saint a les sourcils et les yeux élevés du côté de la gloire, et que tout le reste de son visage suit ce même mouvement; car on voit les coins de la bouche et ses joues qui s'élèvent en haut, et tout le visage qui paraît dans un air tranquille et content; ce saint a les deux bras ouverts et élevés vers le ciel; ses mains tout de même sont élevées; enfin toute son action et tous ses mouvements marquent un parfait ravissement.

Si j'ai remarqué que la tête de ce saint penche sur le sein lumineux de l'ange qui la soutient, c'est ce que je me suis imaginé que M. le Poussin l'avait représenté de cette sorte pour figurer que le grand apôtre avait puisé toutes ses lumières dans le sein de la Grâce et qu'il en avait été le favori, de même que saint Jean l'avait été de Jésus-Christ qui en est la source.

Pour connaître que M. le Poussin a voulu représenter la force de la grâce par l'ange vêtu de jaune, il faut remarquer qu'il a peint cet ange avec le front relevé et les sourcils enflés qui couvrent un peu les yeux. Il a le nez grand, droit et bien formé, les épaules grosses, les jointures et toutes les extrémités bien articulées; ses cheveux mêmes paraissent durs et forts en ce qu'ils se soutiennent droits, quoique la tête de l'ange soit renversée, de sorte que toute cette figure, selon les règles de la physionomie, paraît n'être faite que pour marquer la force.

Observations sur le visage de l'ange qui montre la gloire.

Cet ange a le front uni, les sourcils droits, les paupières grandes, inclinées du côté des joues et l'angle de l'œil élevé du côté du nez; les deux coins de la bouche pendent en bas, et le milieu est élevé; la lèvre de dessous surmonte celle de dessus.

Toutes ces parties d'en haut, selon les physionomistes, expriment la tranquillité et la douceur, et celles d'en bas le mépris et l'aversion.

C'est pourquoi, Messieurs, je me suis imaginé que M. le Poussin a voulu figurer par le mouvement des parties d'en haut du visage de cet ange la douceur et la tranquillité dont jouissent ceux qui sont dans l'état parfait de la grâce, et par les parties d'en bas le mépris et l'aversion qu'ils ont pour les choses du monde.

Si M. le Poussin n'a fait paraître qu'un bras à chacun des deux premiers anges, c'est pour faire voir que l'état de la grâce qu'ils représentent n'est pas encore dans la perfection, et si les jambes sont entrelacées l'une dans l'autre et font des mouvements contraires, c'est que le peintre s'est souvenu de ces paroles que le saint apôtre qu'il représente dit au chapitre v de l'Épître aux Galates : « Cheminez selon l'esprit, et vous n'accomplirez pas les désirs de la chair ; car la chair convoite contre l'esprit, et l'esprit contre la chair, et ces choses sont contraires l'une à l'autre, tellement que vous ne faites point ce que vous voulez. » Toutes lesquelles choses M. le Poussin a merveilleusement bien exprimées par les jambes qu'il a données à ces anges et les contrastes qui se trouvent en elles.

Mais parce que la perfection est dans le dernier état de la grâce, et qu'il n'y a que du repos et de la tranquillité, M. le Poussin n'a point fait voir de jambe au troisième ange qui représente cet état parfait et constant de la grâce, mais bien les deux bras pour montrer que l'état de cette grâce est plus accompli que celui des deux premiers.

On pourrait encore dire que le pilastre qui est dans ce tableau est un autre symbole de la solidité des écrits du saint apôtre et de la fermeté de sa foi; comme aussi il y a grande apparence que les degrés que nous voyons auprès montrent que ce saint s'est toujours élevé de plus en plus dans la grâce, et que par ce progrès continuel il s'est ouvert un passage pour parvenir à la gloire, ce qui semble aussi être figuré par cette porte ouverte qui se voit aussi dans ce tableau.

Avertissement aux étudiants et aux amateurs de la peinture.

Cependant, Messieurs, quoique j'aie donné à cette partie de la peinture dont je viens de parler l'honneur et l'avantage d'être toute spirituelle, je n'entends pas pour cela qu'on la considère comme une chose principale, ni que ceux qui aiment la peinture condamnent les tableaux comme tout à fait mauvais, lorsque cette partie ne s'y rencontrera pas ; je veux seulement qu'on la regarde comme l'éclat et le poli de l'or, quand il est appliqué sur de bon or et non pas sur du cuivre. Je veux dire que quand un tableau est bon en toutes ses principales parties, comme celui que je montre ici, s'il arrive que cette partie spirituelle s'y rencontre, alors elle donnera un grand éclat à tout l'ouvrage et le rendra parfait, et que ceux qui travailleront de cette sorte imiteront ce grand homme; et ils s'acquerront comme lui par leurs travaux une gloire immortelle.

Ce jourd'hui, 10ᵉ jour de janvier mil six cent soixante et onze, M. Le Brun a prononcé ce discours en présence de l'assemblée publique avec amplification et démonstration sur diverses parties.

TESTELIN.

II

CONFÉRENCES
DE PHILIPPE DE CHAMPAIGNE

CONFÉRENCE DE M. DE CHAMPAIGNE

SUR UN TABLEAU DE RAPHAEL
REPRÉSENTANT L'ENFANT-JÉSUS, LA VIERGE,
SAINTE ÉLISABETH ET SAINT JEAN

2 *mars* 1669[1]

MESSIEURS,

Je commencerai à vous dire mon sentiment sur ce rare tableau par l'observation de la lumière qui semble provenir d'un soleil couchant, à quoi s'accorde la teinte du paysage, qui est un peu brune et que l'on a ainsi coloré pour ne pas offenser les figures, mais pour leur donner au contraire plus de force et de saillie ; et c'est à ce même dessein que l'on y a ordonné par derrière cette muraille à demi obscure.

1. Le manuscrit ne spécifie pas si la conférence est de Philippe ou de Jean-Baptiste de Champaigne ; les procès-verbaux n'indiqueraient même pas qu'elle ait eu lieu, si nous ne trouvions à la date du 3 mai 1684 qu'elle fut relue ce jour-là. Mais, comme le procès-verbal du 2 mars porte la signature de Philippe et ne porte pas celle de Jean-Baptiste de Champaigne, cela me semble une preuve suffisante que le discours est de l'oncle et non du neveu. De plus, ce

Les arbres qui sortent au-dessus de cette muraille semblent être éclairés d'un autre jour que celui qui règne dans le tableau ; mais cette faute doit être imputée au paysagiste, qui n'est pas entré avec assez de jugement dans l'intention du Maître. Et de là nous pourrons juger combien est grande la nécessité qu'un peintre n'ignore aucune des parties de son art, et qu'il faut absolument qu'elles fassent chez lui en toutes rencontres une agréable harmonie qui soit capable de contenter l'œil, de même qu'une musique bien concertée contente l'oreille.

Les figures forment ensemble un groupe très parfait et très agréable. Il n'est point percé ni entr'ouvert, afin que la vue ne soit point divertie par quelque vide ; c'est ce qui donne plus de relief aux figures, auxquelles toutes les autres parties d'un tableau doivent se rapporter et servir pour ainsi dire, et ce que Raphaël, ce grand génie, a pratiqué par excellence dans ce sujet, où tout est disposé de sorte qu'il donne et répand la première grâce et la principale douceur sur les figures de la Sainte Vierge et de son fils. On voit éclater dans le visage de la Vierge une joie amoureuse et pleine de ten-

---

n'est qu'à partir du mois d'octobre 1669 que les professeurs de l'Académie furent autorisés à faire les discours d'ouverture; le 3 septembre 1667, il avait été « résolu qu'il n'y aurait que MM. les recteurs et adjoints qui expliqueraient les beautés des tableaux du cabinet du roi. » Or Philippe de Champaigne, seul, eut le titre de recteur, charge dans laquelle lui succéda Girardon.

dresse. Sa figure est très gracieuse et posée dans une sorte d'action qui semble l'animer. Le corps porte sur le bras gauche, afin de se soulager du poids des deux enfants qui sont appuyés sur elle. Toutes les draperies sont maniérées d'une façon savante, en sorte que la figure paraît au travers sans donner de la peine. En quoi Raphaël a principalement excellé; et même pour s'y rendre plus exact et plus régulier, il dessinait ordinairement les figures nues après le naturel, afin d'en conserver mieux le contour sous les draperies.

La figure du petit Christ est admirablement belle, bien dessinée et bien peinte. Le corps et les jambes sont toutes de relief. Le visage exprime une joie enfantine et caressante, mais qui marque néanmoins un caractère de prééminence sur le petit saint Jean, de sorte qu'on y distingue aisément le maître d'avec le disciple.

Sainte Élisabeth est agenouillée, présentant son fils au petit Jésus; elle le soutient de crainte qu'il n'incommode la Vierge. Sa tête est très belle, coiffée d'une manière bizarre, mais modeste et convenant à l'âge de la personne représentée. Les plis de la draperie dont elle est vêtue sont très judicieusement appliqués et exprimés d'une manière digne de son auteur.

Saint Jean est dans une posture humiliée devant le petit Christ, ayant les bras croisés pour recevoir ses caresses avec plus de soumission ; l'on observe dans son visage une joie respectueuse qui exprime le contentement intérieur de l'honneur qu'il reçoit. Sa tête a beaucoup de force et est bien arrondie ; mais sa jambe et son pied droit paraissent un peu grands et posés de manière que l'un et l'autre souffrent violemment et blessent la cuisse de Sainte Élisabeth aussi bien que notre vue.

Il faut avouer que ce sage et judicieux peintre s'est surpassé toujours lui-même dans la partie spirituelle de son art, qui semble faire parler les figures et leur faire dire tout ce que le sujet peut demander ; l'œil le comprend sans le secours des paroles vivantes, et l'on doit rapporter ce merveilleux effet à la justesse et à la simplicité des expressions du Maître, qui, certes, avec grande justice, a porté le nom de l'ange Raphaël (qui signifie médecine de Dieu), puisqu'il a ouvert nos yeux et guéri nos esprits de la maladie de cette manière gothique et barbare, qui, jusqu'à lui, avait régné plus de mille ans, depuis que les beaux-arts s'étaient trouvés ensevelis sous les ruines de l'Empire Romain.

Il aurait été à souhaiter que Raphaël eût peint ce rare tableau de sa propre main, au lieu d'emprunter pour cela, comme il l'a fait, celle de Jules Romain. Il aurait sans doute pris garde de plus près à la situation de la figure du petit Christ qui est absolument hors de sa place : son corps porte sur la jointure de la cuisse de la Vierge qui sort de toute son étendue au-deçà de l'Enfant; un morceau de la draperie qui le couvre cache même une partie du ventre et de la cuisse jusqu'au-dessous du genou. Il faudrait, pour conserver la régularité du plan, que les pieds de l'Enfant ne fussent pas plus avancés que le haut du corps, et cependant le peintre les a posés sur le devant du berceau, qui est plus avancé hors du tableau que la figure de la Vierge, ce qui rend cette situation non seulement contrainte, mais impossible.

Il n'aurait pas d'ailleurs fait le pied de la Vierge si petit et si peu proportionné aux autres parties. Jules Romain, qui a été assurément un grand homme, a pu remarquer ces défauts; mais il se peut faire aussi qu'il les a commis par malice, afin que l'on les attribuât à Raphaël, auteur du dessin, pour en diminuer la gloire et l'excellence. Et de fait, il s'en trouve une estampe, dans laquelle, quoique mal gravée, ces défauts ne se trouvent point, et il est à croire que Raphaël la fit expressément graver pour se justifier de ces manquements et les renvoyer à la jalousie de son copiste.

Pour ce qui est du sujet de ce tableau, on peut dire hardiment qu'il est fort apocryphe; car l'Évangile nous apprend que l'Ange du Seigneur apparut en songe à Joseph et lui dit : « Levez-vous; prenez l'Enfant et sa mère, et fuyez en Égypte, et y demeurez jusqu'à ce que je vous dise de partir, car Hérode chercherait l'Enfant pour le faire mourir. » Joseph, s'étant levé, prit l'Enfant et sa mère durant la nuit, et se retira en Égypte, où il demeura jusqu'à la mort d'Hérode. La commune opinion de l'Église est qu'ils demeurèrent sept ans en Égypte, au rapport de Baronius, selon plusieurs Pères qu'il cite; et il dit, au regard de saint Jean, que sainte Élisabeth sa mère se cacha avec son fils dans les déserts et montagnes de Judée pour fuir la persécution d'Hérode. Il n'y a donc aucune apparence, Messieurs, que le sujet soit représenté selon la vérité de l'histoire. Sans doute qu'il a pris son origine de quelque ex-voto ; mais à présent que la peinture est au plus haut degré de perfection qu'elle n'a été de ce siècle, nous ne devons point commettre de fautes contre l'histoire, qui est si féconde d'elle-même et capable de fournir tant de riches matières. Il y a une infinité de sujets où l'on commet tous les jours les mêmes fautes, par exemple, celui de la circoncision de Notre-Seigneur, que l'on dépeint ordinairement dans le temple de Jérusalem, et où l'on fait trouver la Vierge contre la loi et la vérité. Car les femmes ne pouvaient sortir après leurs couches que les quarante jours ne fussent accomplis, et par la même loi il était ordonné de circoncire les enfants le huitième jour après la naissance. Cela est donc mal représenté comme contraire à l'histoire, étant certain que chaque père de famille s'acquittait de cette cérémonie dans sa propre maison et faisait l'office de cette circoncision. On peut avancer sans témérité que saint Joseph la pratiqua à l'égard de l'Enfant Jésus et dans la même étable qui servit de lieu à sa naissance, la Vierge n'ayant pu en sortir qu'après les quarante jours de purification. Cela est appuyé de l'exemple d'Abraham, à qui Dieu commanda de circoncire toute sa famille. Ainsi il y a plusieurs sujets que l'on traite de peinture en peinture par une tradition abusive, sans que l'on se mette en peine de consulter et d'approfondir la vérité.

Prononcé en l'Assemblée de l'Académie le deuxième jour de mars 1669 par M. de Champaigne.

H. Testelin.

CONFÉRENCE DE M. DE CHAMPAIGNE

SUR LES OMBRES

Le 7 juin 1670

OUVERTURE DE CONFÉRENCE [1]

Messieurs,

Le sujet que je vous propose aujourd'hui est très vaste et de grande étendue, et mérite, par conséquent, être l'objet qui nous doit servir d'entretien. Je prétends parler des ombres en particulier, desquelles les reflets sont inséparables, et avant de particulariser leurs parties, je dirai en peu de mots quelque chose de leur origine en général qui sont les ténèbres.

Avant la création de l'univers, tout n'était que ténèbres dans les vastes lieux où il fut créé, et quoique Dieu ne les eût pas faites, ce divin Ouvrier

---

1. Ce sous-titre se trouve dans le manuscrit, de la même main que le discours. On lit aussi (mais l'écriture est de Guillet de Saint-Georges) : relu le samedi 4 septembre 1683.

Le manuscrit n'indique pas si le discours est de Philippe ou de Jean-Baptiste. Guillet de Saint-Georges (Mémoires sur la vie... t. I, p. 244) l'attribue à Philippe, de même que le procès-verbal de la séance du 4 février 1676 où fut relu ce discours.

Les procès-verbaux n'indiquent pas qu'il se soit tenu une séance le 7 juin 1670.

a si bien su s'en servir pour relever et distinguer tous ses ouvrages que, quoiqu'elles ne soient rien elles-mêmes (n'étant qu'un vrai néant), néanmoins cet Artisan divin s'en est si admirablement servi qu'il a fait ce rien et ce néant en soi-même comme la chose qui fait distinguer et tire de la confusion tout ce qu'il a fait, mettant un ordre agréable dans tous les objets et qui servent de repos à la vue. Car il n'y a rien de plus vrai de dire que si tous les objets étaient également éclairés, il y aurait une confusion terrible dans toutes les choses ; même sans les ombres, tout paraîtrait plat, jusques aux corps les plus ronds.

Pour venir au particulier, ce n'est pas une chose nouvelle parmi nous de dire que la distribution des ombres fait une partie très considérable dans les ordonnances. Mais comme notre divin Modèle s'en est servi pour relever ses ouvrages, il nous est aussi de la dernière importance de l'imiter sans confusion, puisque ceux d'entre nous qui ne s'y portent pas avec application restent des peintres indécis et fades.

C'est pourquoi, Messieurs, il me semble qu'on ne saurait assez porter la jeunesse, immédiatement après les principes de leurs études, à distinguer les ombres et les séparer des jours, étant une chose indispensable (pour dessiner bien des figures) à observer les ombres, ne faisant autre office avec le relief qu'elles donnent, que de faire voir les muscles, et par conséquent est une chose inséparable du dessin. Je ne prétends pas obliger la jeunesse de faire ces observations que lorsqu'elle est capable de dessiner après les belles antiques et le naturel, puisqu'il est constant qu'on ne dessine l'un et l'autre que pour se les imprimer dans l'esprit, ce qui est impossible de pouvoir bien faire sans en observer les ombres qui, seules avec les jours, donnent le relief aux objets. L'on voit que l'observation des ombres est une partie essentielle de la correction, puisque l'on voit qu'une partie des causes qui rendent les études des jeunes gens si infructueuses ne procède que de ce qu'ils ne font pas assez de réflexion sur une partie très importante d'où dépend la correction des dedans des figures qu'ils dessinent, et est cause qu'ils forment une masse informe et sans raison. Il leur semble qu'ils ont fait merveille quand ils se sont fort attachés à grainer ou hacher avec le crayon, et que, pourvu qu'ils aient donné un œil agréable à leurs ouvrages aux yeux de ceux de leur force, ils ont bien réussi, sans faire leur principale étude de les bien placer, ce qui seul, avec les contours du dehors, peut rendre les choses correctes.

L'application qui se fait du sujet dont nous parlons pour une figure seule s'étend ensuite à plusieurs. Car lorsque les étudiants seront capables de bien raisonner une figure, la rendant correcte, ils arriveront avec bien plus de facilité à distribuer les ombres avec esprit et entente sur plusieurs; car, comme pour faire une figure avec entente, il faut qu'il y en ait une partie ombrée, aussi une ordonnance ne peut bien réussir qu'il n'y en ait aussi une partie dans l'ombre, laquelle, outre le repos qu'elle donne à la vue, fait avancer les figures que l'on dispose sur le devant, qui ne peuvent jamais faire un effet extraordinaire sans cet agréable artifice.

Il faut beaucoup de prudence à traiter les ombres. L'on les peut bien faire fortes et séparées des jours, mais il faut éviter avec beaucoup de soin la dureté qui rend les choses désagréables; car, quoiqu'il y ait des ombres battantes sur des corps, causées par des objets proches, il les faut néanmoins traiter d'une manière qu'elles n'empêchent ni l'agrément, ni la rondeur des corps sur lesquels elles frappent.

Il est de la prudence du peintre de traiter les ombres selon les sites différents des lieux; car d'ombrer si fortement dans une campagne comme dans un lieu enfermé, cela ne serait pas recevable.

Pour ce qui regarde les reflets, ils doivent être forts ou faibles selon les objets éclairés qui se trouvent proches ou éloignés des corps ombrés; et, comme il a déjà été dit plusieurs fois, l'on ne doit que faiblement articuler les choses dans les reflets, vu que lorsque l'on fait comparaison des jours avec les ombres, l'on n'y voit presque rien ; l'on ne les doit donc jamais considérer seules pour les traiter dans leur justesse.

Il me reste à dire qu'il n'y a pas un corps ombré, en un lieu où il se trouve du jour aux environs, qui ne reçoive des reflets ; les draperies noires n'en sont pas même exemptes étant les unes proches des autres. Il n'y a que les fortes ténèbres qui sont absolument privées de lumière et qui en sont exemptes, et il est à remarquer, Messieurs, qu'il n'est pas vrai de dire que les reflets rendent les objets diaphanes comme s'ils étaient de verre : cette raison ne pourrait avoir lieu que lorsqu'on voudrait faire de grands reflets sans qu'il y ait aucun sujet éclairé qui les pourrait causer.

Prononcé en l'Assemblée publique du 7ᵉ jour de juin 1670, en l'Académie assemblée par M. Champaigne.

H. TESTELIN.

CONFÉRENCE

DE M. DE CHAMPAIGNE L'ONCLE

CONTRE LES COPISTES DES MANIÈRES

11 juin 1672[1]

J'espère, Messieurs, que vous ne trouverez pas inutile que dans le dessein que j'ai de procurer l'avancement des jeunes gens que nous tâchons de former, je vous entretienne d'un point important sur lequel j'ai souvent fait diverses réflexions.

C'est, Messieurs, que ceux qui s'efforcent de se perfectionner dans notre profession tombent quelquefois, faute de bonne conduite, dans un certain abus, qui les éloigne infiniment de cette perfection à laquelle ils tendent. Ils s'arrêtent servilement à copier la manière particulière d'un auteur, se proposant comme leur but et comme l'unique

---

1. Relu le samedi 4 mars 1684. Lu le 6 juin 1711 (Note du manuscrit). — Le procès-verbal de la séance de 1672 ne fait pas mention de la conférence de Philippe de Champaigne. — A la séance du 4 mai 1697, on relit un discours de M. de Champaigne le jeune contre les copistes des manières. Il est à peu près certain qu'il s'agit du discours de Philippe de Champaigne, quoique dans ses Mémoires sur la vie et les ouvrages des membres de l'Académie, Guillet de Saint-Georges attribue à chacun des deux Champaigne un discours sur les copistes des manières (Mémoires, t. I, p. 244 et 349).

modèle qu'ils doivent consulter. Ils jugent par ce seul auteur la manière de tous les autres, et ils n'ont point d'autres yeux pour faire le discernement des beautés et des divers agréments que la nature nous propose à imiter.

Cette inclination se peut pardonner à un jeune étudiant qui est encore sous l'aile du maître, et elle est si naturelle dans ces commencements qu'on ne doit pas prétendre l'interdire absolument; mais ce qui empêche tout à fait de se rendre savant dans notre art est, comme je l'ai souvent remarqué, que des élèves qui commencent à s'avancer et qui donnent eux-mêmes beaucoup d'espérances se bornent tout d'un coup et s'entêtent d'imiter et de faire des copies toutes pures de la manière d'un auteur particulier, en assujettissant ainsi leur génie qui est si libre à cette manière particulière, au lieu qu'ils devraient prendre ce qu'il y a de plus beau dans toutes les manières particulières et se former, à l'imitation des abeilles, un suc, c'est-à-dire une beauté qui leur fût propre.

Car il faut demeurer d'accord qu'un des plus sensibles charmes de la peinture consiste dans l'agréable diversité des manières de ceux qui la professent par les beautés particulières qu'ils se sont acquises en faisant effort de perfectionner le génie dont ils ont été doués, qui n'est pas propre dans aucun homme à être forcé, quelque désir qu'il en ait, parce que l'on ne peut pas faire de son esprit ce que l'on fait d'un membre du corps que l'on ploie à sa volonté. Mais quant au génie, nous n'en tenons pas les rênes absolument pour le conduire où il nous plaît. L'auteur de la nature nous a donné le jugement pour le gouverner par des voies libres en lui proposant la belle nature pour l'objet principal de ses études. Il faut joindre à cela les belles manières de ceux qui l'ont noblement exprimée, qui nous peuvent échauffer et donner de l'imitation à tendre à la perfection. Mais ceux qui se veulent ainsi borner s'opposent à ce que toute la nature nous enseigne. Car se voit-il un seul homme ressembler à un autre ? Y a-t-il même des brutes, quoique d'une même espèce, qui se ressemblent ? Non certes. Pourquoi donc voulons-nous borner et avilir ce que Dieu nous a départi pour l'élever, et pour faire admirer, dans ce qu'il nous fait produire, l'abondance et la diversité de notre divin auteur, duquel procède tout ce qui est véritablement bien, de quelque nature qu'il soit ?

Mais afin qu'il ne semble pas que j'aille trop loin sur cette matière, et que je condamne trop durement ceux qui pourraient être engagés dans ces imitations, je ne prétends pas, Messieurs, qu'il ne soit pas permis à un élève de se proposer un habile homme, dont la manière se trouve conforme à son génie, pour emprunter de ses lumières; au contraire, cela est même très nécessaire. Je prétends seulement dire qu'il ne faut pas s'attacher absolument et positivement, à la manière d'un autre, comme s'il n'y en avait qu'une seule imitable, ce qui n'arrive jamais qu'à des personnes très peu éclairées ; ou si des personnes qui ont du génie sont prévenues de ce faux sentiment, ils n'y demeurent que jusques ce qu'ils aient acquis assez de lumière pour s'apercevoir que leur génie a assez d'avantage de soi pour être laissé dans sa liberté naturelle. Pour mieux faire comprendre ce que je veux dire, je rapporterai en peu de mots un exemple de ma proposition, que j'ai vu aux Pays-Bas où la peinture était, il y a soixante ans, dans une réputation plus grande qu'en aucun pays de deçà les monts. Rubens a achevé de lui donner son dernier lustre. Ce grand peintre, que j'admire dans toute l'étendue de l'estime qu'il mérite, et auquel je ne prétends rien ôter de ce qui lui est dû, effaça en peu de temps dans les esprits tout ce qui s'était fait jusqu'à son temps. Tous les élèves de ce pays-là aspirèrent à l'envi de suivre directement sa manière et d'en faire une juste copie dans leurs productions, ce qui a changé de face en même temps toute la peinture de ce pays-là, et a borné la réputation de ceux qui ont travaillé depuis lui à celle des copistes de Rubens. Ils n'en sont pas même encore bien revenus à présent, et cette basse imitation émousse encore et ralentit toute la force de leur génie.

Prononcé et expliqué par M. de Champaigne, le onzième jour de juin 1672 [1]

H. Testelin.

Guillet de Saint-Georges a fait de ce discours une analyse exacte, assez élégante, et à peu près aussi longue que le discours lui-même. Il l'a fait suivre du compte-rendu de la discussion qui suivit la lecture du 4 mars 1684 :

« Après la lecture de ce discours, il n'y eut personne dans l'Académie qui n'en approuvât les sentiments par des réflexions particulières. On convint que dans le commencement de toutes les disciplines, un jeune écolier, encore privé des notions dont il a besoin, est obligé de se soumettre aveuglément aux instructions et aux méthodes de son maître ; quand il possède bien les principes et qu'il a fait une étude de l'antique, il lui est important de se proposer les ouvrages de Raphaël pour l'imitation du beau naturel et pour la correction du dessin, et les ouvrages du Titien pour l'agréable union des couleurs ; ainsi des ouvrages des autres grands peintres, selon qu'ils ont excellé dans les talents particuliers. Mais après que l'écolier aura fait quelque progrès sur de si belles traces, il doit exciter son industrie naturelle, entreprendre quelque chose de lui-même, se soutenir de ses propres lumières, tenter avec hardiesse des chemins particuliers dans un pays où les timides ne feront jamais de découvertes. On ajouta qu'on ne verrait point tant d'agréables naïvetés dans les ouvrages sortis des écoles

---

1. On lit sur le manuscrit : du 4 juin 1672. L'écriture est de Philippe de Champaigne, et cette date indique probablement le jour où il a composé ce discours.

d'Italie, si chaque peintre s'y était assujetti à imiter la manière d'un autre : tous auraient été autant de Bellinis et de Giorgiones ; tous auraient été autant de Véronèses ; Raphaël lui-même serait demeuré des derniers dans la carrière, s'il s'était ponctuellement attaché au goût de Pierre Pérugin, son maître. On considéra même les dangers que couraient les copistes des manières ; car comme les vices ont de grands enchaînements les uns avec les autres, on passe aisément de cette habitude de copier les manières à la coutume de noter des figures complètes. On dit encore qu'il serait plus glorieux à un peintre d'être l'auteur d'un médiocre original que l'heureux copiste d'un excellent homme, tant il est vrai que l'imitation marque une âme rampante et bornée, et qu'elle est purement le partage des paresseux. Il ne se faut pas contenter de suivre les autres ; il ne suffit pas même de les égaler ; il faut tâcher d'aller au delà, car nécessairement celui qui suit est le dernier.

Quintilien, un des plus excellents rhétoriciens de l'antiquité, montre que dans tous les arts l'invention est toujours la principale partie, et il décide la question contre les imitateurs et les copistes par des preuves tirées de la peinture même. Que serait-il arrivé, dit-il en quelques passages dispersés, si dans les premiers siècles où l'on n'avait encore reçu aucun exemple, les hommes eussent cru qu'ils ne devaient rien imaginer ni rien faire dont ils n'eussent déjà eu la connaissance ? Certainement on n'aurait jamais rien inventé. Pourquoi nous sera-t-il donc défendu de chercher et de trouver ce qui n'a pas encore paru devant nous ? Où en serions-nous si chacun n'eût rien fait au-dessus des personnes qui l'ont précédé ? Nous n'aurions point de meilleur poète que Livius Andronicus ; nous serions réduits pour toute l'histoire aux annales des pontifes, à ne pouvoir naviguer que par le secours des rames, et la peinture serait bornée à tirer simplement les traits que forment les ombres d'un corps opposé au soleil. Par cette dernière circonstance, il nous fait remonter à l'origine de la peinture qui fut inventée à Sicione par les simples contours des ombres qu'une tête opposée au soleil formait contre une muraille. Mais enfin cet excellent rhétoricien conseille partout de ne se pas attacher à imiter un homme seul. Il suppose ensuite qu'on lui vient demander si, en matière d'éloquence, il ne suffit pas de parler comme Cicéron. Il répond que ce serait véritablement assez, si on était certain d'en pouvoir attraper toutes les beautés : mais quel mal y aurait-il d'y ajouter quelque chose du style vigoureux de César, quelque chose du caractère véhément de Celius, quelque chose de l'exactitude de Pollion, et enfin quelques idées du jugement de Caton? Ce qui doit être appliqué à la peinture en faveur du discours de M. Champaigne et des sentiments de l'Académie. »

Sous le titre du manuscrit, on lit ces quelques mots : « A quelques bagatelles près et qui sont bien faciles à arrondir, j'aime mieux Monsieur Champaigne [1] que Monsieur de Saint-Georges; et le jugement de l'Académie que ce dernier rapporte est peu de chose. »

1. On a écrit : Monsieur Blanchard ; c'est évidemment une distraction.

CONFÉRENCE

DE M. DE CHAMPAIGNE L'ONCLE

SUR L'ENLÈVEMENT DE DÉJANIRE DU GUIDE

26 mai 1674[1]

Voici, Messieurs, un grand sujet pour méditer sur la vigoureuse manière dont Guide s'est avantageusement servi pour exprimer la nature.

Il me semble, Messieurs, que cet habile peintre est arrivé dans cet ouvrage à un point qui approche fort de joindre ensemble les deux parties si nécessaires pour faire un peintre parfait, lesquelles ont servi si souvent d'entretien à la Compagnie, parce qu'elles se trouvent si rarement jointes à une seule personne, qui est le dessin et la belle méthode de peindre.

L'on voit dans ce travail l'utilité de ces deux parties pour bien exprimer la nature ; car la belle manière de peindre ne s'est occupée ici qu'à exprimer le dessin, et le beau dessin à soutenir merveilleusement la couleur, de sorte que ces deux parties ont fait un heureux mariage ensemble, qui est

---

1. Note ajoutée au manuscrit : lu le 5 décembre 1711. — Au XVIIe siècle, ce discours fut relu le 7 septembre 1697 (Procès-verbaux).

touchant à un point très sensible ; car il faut avouer qu'il n'y a rien qui soit capable de donner tant de plaisir que de voir ensemble ce qui fait la perfection de la peinture.

Le sujet de ce tableau, qui est l'enlèvement de Déjanire, femme d'Hercule, par le centaure Nessus, est magnifiquement traité et fort bien exprimé. L'on voit la joie, fort bien dépeinte dans le visage brutal du centaure, d'être venu à bout de son entreprise du ravissement de sa belle proie ; il est dans l'action de la mettre à terre. Ses deux bras élevés lui font faire une attitude avantageuse à faire voir la beauté des bras et des épaules aussi bien que du corps, qui toutes ensemble conspirent à faire l'expression d'un effort extraordinaire, et qui font voir en même temps toutes les belles parties du corps qui sont traitées avec tendresse, nonobstant la force qu'il leur a donnée.

Mais il me semble, Messieurs, qu'on pourrait néanmoins désirer que les contours du bras, du côté du jour, fussent moins coupés et plus adoucis, parce que sans doute cela empêche d'arrondir ces parties-là.

Déjanire exprime, dans le tout ensemble de sa figure, la douleur qui l'occupe ; sa tête est admirable, et semble implorer le ciel d'avoir égard à son malheur et de la secourir dans l'extrémité où elle se trouve : il serait difficile de désirer quelque chose de plus pour le sujet à cet admirable air de tête ; ses draperies agissent par le vent très naturellement et font un bel effet. Le pied gauche, qu'elle feint de préparer pour se mettre à terre, paraît, avec la jambe, être un peu verdi, ce que j'attribue au changement des couleurs depuis le moment que le tableau a été peint. Pour ce qui regarde le reste du tableau, l'on pourrait souhaiter que l'eau soit un peu plus naturelle et plus agitée et que le corps du cheval ne fût pas si attaché avec elle ; il peut avoir négligé cette partie pour ne donner de l'éclat qu'aux figures seules.

Ce peu de paroles que je viens de dire, Messieurs, avec la beauté du tableau vous peuvent suffisamment fournir de sujet d'entretien, ce qui me fait arrêter, vous priant de jeter les yeux sur ce rare ouvrage.

Prononcé par M. de Champaigne, oncle, en l'Assemblée de l'Académie, le 26 mai 1674.

H. TESTELIN.

III
CONFÉRENCES
DE JEAN-BAPTISTE DE CHAMPAIGNE

CONFÉRENCE
DE M. DE CHAMPAIGNE LE NEVEU
SUR
UN TABLEAU DE M. POUSSIN
REPRÉSENTANT LA PESTE CHEZ LES PHILISTINS
POUR AVOIR PRIS L'ARCHE D'ALLIANCE[1]
1er mars 1670

Je ne puis, Messieurs, proposer un sujet mieux exprimé qu'est celui que M. Poussin a traité de l'histoire de l'arche d'alliance, qui causa après sa prise sur les Philistins une peste très cruelle parmi eux. Ce savant homme l'a si naturellement représentée que la vue de cet ouvrage fait renaître dans les esprits l'horreur qu'elle causa parmi ces peuples, qui se voyaient détruits par leur propre victoire.

Il me semble, Messieurs, que rien n'est plus digne que cette grande ordonnance pour nous por-

---

1. Le manuscrit porte en haut du premier feuillet cette note écrite par Guillet de Saint-Georges : « lu pour la troisième fois, le samedi 3 juillet 1683. » — Nous savons par les procès-verbaux que ce discours fut encore relu, au xviie siècle, le 6 septembre 1681 et le 6 août 1695.

ter à faire les derniers efforts à donner les caractères des histoires que nous avons à représenter; car il faut avouer que ce sujet est si vivement exprimé que l'éloquence même avec toutes ses forces n'est pas capable d'en donner une si vive image dans l'esprit.

Pour tirer le fruit que j'ai dessein de proposer de cet ouvrage, je ne m'arrêterai pas beaucoup au détail de ce rare tableau, vu que les expressions en sont si claires qu'elles parlent et se font connaître d'elles-mêmes aux moins intelligents.

Je dirai seulement que les figures me semblent si noblement traitées qu'il n'y paraît rien de chargé, et sont si libres et dégagées qu'elles n'ont en elles-mêmes aucune opposition à exprimer la vivacité convenable au sujet. Les nus n'y sont pas maniérés par des contours pesants qui difforment plus la belle nature qu'elle (*sic*) ne lui donnent d'agrément.

Je crois que la Compagnie tombera d'accord que ce qui spiritualise les sujets et les rend agréables, ce sont les proportions libres et sveltes, au lieu que le trop de charge les rend matériels et pesants[1]. Je

---

1. Une note de la main de Guillet de Saint-Georges rattachée au feuillet dit : « Le samedi 6 août 1695, la Compagnie m'ordonna de changer quelques termes dont M. de Champaigne s'est servi dans ce discours et qui commencent cet article : Je dirai seulement que les figures...

« Je dirai seulement que les figures me semblent traitées si nome trouve obligé, Messieurs, de représenter à vos soins sur ce sujet que les étudiants penchent tous à charger indifféremment toutes les études qu'ils font après le modèle. Il est à craindre que se faisant un fond si opposé au bien, ils n'aient de la peine à s'en défaire, et ne trouvent en eux un sujet de combattre toute leur vie un vice qu'ils s'imaginent être la bonne manière.

Les études que l'on voit être faites par les grands hommes après le modèle suivent la nature en toutes ses belles parties, et chargent ensuite dans leurs ordonnances selon que les sujets le demandent, étant fortifiés par les études qu'ils ont faites après les belles antiques. Mais de souffrir que les étudiants chargent continuellement de leur propre caprice, avant de s'être rendus capables de le pouvoir faire avec raison, je laisse, Messieurs, au zèle que vous avez pour l'avancement de la jeunesse de résoudre en public sur ce sujet ce que vous avez souvent agité en particulier, et d'établir

blement et si naturellement qu'il n'y paraît rien d'outré et de chargé ou trop ressenti. Elles sont si libres et si dégagées qu'on y trouve une espèce d'âme et d'action convenable à l'expression au sujet. Le nu n'y est point maniéré par des contours pesants et purs ou trop affectés qui, au lieu de donner de l'agrément à la belle nature, y jettent de la difformité. Je crois que la Compagnie tombera d'accord que ce qui donne du mouvement et de la vie aux sujets, ce sont les proportions et mesures correctes, libres et sveltes, au lieu qu'étant trop chargés et trop prononcés ils deviennent matériels et pesants. »

une convenance générale de la **manière de les enseigner.**

Prononcé par M. de Champaigne neveu ce jourd'huy premier jour de mars 1670[1].

H. TESTELIN.

Lu le 6 septembre 1681.

Nous donnons ici une sorte de compte rendu de la séance du 1er mars 1670, fait par Guillet de Saint-Georges, mais évidemment sur les indications d'un académicien qui y assista, et sans doute de Le Brun, dont il ne manque jamais de faire l'éloge (Guillet n'entra à l'Académie que le 31 janvier 1682).

Après avoir analysé assez exactement le discours de Champaigne le Neveu, et surtout après s'être ingénié à expliquer ce que c'est que la charge en la rapprochant de l'hyperbole dans le langage, il ajoute : « Là-dessus un particulier demanda s'il n'y avait pas quelques occasions où l'on fût obligé de charger les parties d'un ouvrage. L'Académie prononça que cela se devait pratiquer dans les sujets qu'il faut placer à une distance considérable du spectateur; car la figure d'un Apollon qui est toujours prise sur un beau naturel et sur des proportions délicates et parfaites, doit ordinairement être traitée avec des contours tendres et légers ; mais si elle était destinée à être vue de loin, il faudrait nécessairement lui donner des contours chargés et des parties ombrées pour les rendre sensibles à la vue. Il y a encore des temps où le peintre ne se peut empêcher de charger, et là-dessus l'Académie se souvint des remarques que M. Le Brun avait faites et dont il l'avait souvent entre-

---

1. On avait d'abord écrit : le dernier jour de février.

tenue, en disant que lorsqu'il s'était servi du modèle pour quelques-uns de ses ouvrages, il l'avait dessiné dans son pur naturel, chargeant les parties qui lui avaient paru chargées ; mais ensuite il les réduisait à la véritable proportion qu'elles devaient avoir et corrigeait, par le secours de l'art, ce que la nature et le vrai lui avaient montré d'imparfait dans le modèle. On cita l'exemple des porteurs qu'il a représentés dans le Triomphe d'Alexandre ; car il en a pris la première idée sur le modèle qui, ayant toujours quelque défaut, est ensuite rectifié à loisir dans les parties qui ont été chargées quand on l'a dessiné tel qu'il a paru. M. Le Brun n'a pas été moins circonspect à se servir de l'antique. Il a souvent fait remarquer que les anciens ouvriers y ont représenté des divinités ou des héros qu'on supposait être d'une taille accomplie, et, pour les mettre dans ce degré de perfection, ces excellents ouvriers ont fait un choix de toutes les belles parties qui composeraient un homme, s'il y en avait de parfaits. Ainsi toutes les parties empruntées de côté et d'autre, et ramassées en un seul sujet, y sont d'une égale force et chacune y paraît dans un degré dominant. Le peintre qui vient étudier ces antiques les dessine exactement comme il les voit, mais lorsqu'il en veut tirer des secours pour son usage, il y ajoute ou il en retranche quelque chose pour les réduire au véritable naturel et les ramener du merveilleux au vraisemblable. Ainsi les habiles ouvriers se servent quelquefois de la Nature pour corriger l'Art, et quelquefois de l'Art pour corriger la Nature.

M. Le Brun fit aussi ressouvenir l'Académie d'une remarque qu'il avait faite autrefois sur tous les ouvrages de M. Poussin et particulièrement sur les tableaux de l'Arche d'Alliance et de Rébecca. Il dit que M. Poussin, étudiant toujours avec soin la nature du sujet qu'il traitait en faisait régner le caractère dans toutes les parties de son ouvrage, et, se conformant à la proportion harmonique que les musiciens observent dans leurs compositions, il voulait que, dans ses tableaux, toutes choses gardassent des accords réciproques et conspirassent à une même fin. Ainsi, dans le tableau que nous examinons, ayant traité la maladie contagieuse et la désolation des Philistins, il en avait établi le caractère lugubre par une lumière faible, par des teintes sombres et par une langueur qui paraissait dans le mouvement de chaque figure. Par cette pratique judicieuse, il inspirait la tristesse dans l'âme des spectateurs, comme il leur avait inspiré la joie à l'aspect du tableau de Rébecca, où le sujet, égayé de soi-même, lui avait demandé une lumière plus forte, des couleurs plus vives et des attitudes plus animées. On a jeté, comme par force, cette remarque dans la préface des conférences imprimées en 1669[1], sans avoir spécifié de quelle source elle vient, comme si on eût appréhendé de citer un nom obscur et indigne de la préface. »

Nous ne donnons point le début du compte-rendu de Guillet de Saint-Georges, où se trouve une longue description du tableau de Poussin, à laquelle sans doute fait allusion la note suivante du même auteur qu'on a jointe au cahier contenant la conférence sur le tableau de Rébecca : « On ne doit point trouver étrange que je fasse un détail des parties du tableau et que j'en distingue les diverses expressions, puisqu'elles justifient que le peintre est parfaitement entré dans l'histoire qu'il a traitée, ce qui est son but principal; ainsi on ne trouvera pas mauvais que je donne ici le tableau d'un tableau. » Guillet de Saint-Georges y étale une érudition aussi déplacée que sujette à caution; après quoi il loue

---

[1]. Conférences de l'Académie Royale de Peinture, par Félibien, dont Guillet de Saint-Georges est l'ennemi.

la chasteté avec laquelle Poussin a traité le sujet délicat de la maladie des Philistins, et analyse sommairement le discours de Champaigne le Neveu. Nous nous en rapportons à l'opinion du copiste du xviiie siècle qui, après avoir écrit : « Je mettrais (sans doute dans les archives de l'Académie) l'extrait de M. de Saint-Georges. Quoiqu'il y ait un peu d'humeur contre M. de Champaigne, il est bien... » a ajouté en marge : « Il me paraît pourtant qu'il y a bien des chimères dans l'extrait de M. de Saint-Georges, qu'il ne serait pas sage que l'Académie adoptât. »

Disons enfin que le même cahier où se trouvent la conférence de Champaigne et la note de Guillet de Saint-Georges contient aussi une rédaction un peu abrégée de cette même conférence.

CONFÉRENCE

PAR M. DE CHAMPAIGNE LE NEVEU

SUR LA SAISON DE L'ÉTÉ DU POUSSIN,

SOUS LE VOILE DE L'HISTOIRE DE RUTH SUPPLIANT BOOZ

DE POUVOIR GLANER DANS SON CHAMP

2 mai 1671[1]

Je propose pour le sujet de notre entretien, Messieurs, un des derniers tableaux que M. Poussin a faits, lequel fait voir qu'un homme savant comme il était, étant bien fondé dans les règles de notre profession, les forces du corps l'abandonnent plus tôt que la science qu'il s'était acquise par une profonde étude, n'y ayant pas de doutes qu'un édifice qui a de très bons fondements ne peut pas se renverser entièrement aux premières secousses qui lui arrivent, ce qui est inévitable à ceux qui ne sont pas fondés.

Quoique M. Poussin fût déjà accablé, lorsqu'il a fait cet ouvrage, par ses incommodités particulières, outre celles qui sont communes à tous les hommes

---

1. Relu le samedi 2 octobre 1683 (Note du manuscrit). — Les procès-verbaux nous apprennent qu'au XVIIe siècle ce discours fut relu le 1er décembre 1696.

qui atteignent un âge avancé, nonobstant tous ces préludes de la ruine de son corps, son esprit, par la solide science qu'il s'était acquise, fait voir dans ce tableau une vigueur solide et très agréable dans le tout ensemble de cet ouvrage.

Ce tableau représente une des quatre saisons de l'année qui est celle de l'été, comme il se voit très clairement. Il a choisi pour orner ce sujet l'histoire de Ruth, laquelle il a faite sur le devant, à genoux, parlant à Booz qui lui accorde de glaner dans son champ, et commande en même temps qu'on ne l'empêche pas de glaner partout à la suite de ses moissonneurs. Cette femme est dans une action si humble et si suppliante (ce qui est très conforme à l'histoire) qu'il n'y a pas lieu de s'étonner que Booz lui accorda au-delà de ses prétentions. Ce moment est si bien représenté qu'il fait concevoir vivement l'histoire, et il semble que ces deux figures parlent. La figure debout, qui est derrière la femme, un peu éloignée, est le jeune homme qui était constitué sur les moissonneurs, lequel, après avoir rendu compte à son maître qui était cette femme Moabite, fait une action humble en signe d'obéissance au commandement que Booz lui fait de la laisser glaner partout, ordonnant qu'on laisse tomber des épis exprès pour lui en laisser amasser davantage.

Se peut-il voir une moisson mieux traitée que

celle-ci ? Il semble que la joie[1] et la gaieté de la récolte frappent d'abord les yeux en la regardant ; ces figures qui travaillent tiennent leur partie parfaitement bien, fuyant dans le tableau avec beaucoup d'art.

Ces chevaux qui battent le grain de leurs pieds font admirer la diversité de l'usage qu'il a été rechercher.

Et les femmes qui préparent à manger ne laissent pas de faire aussi partie de l'histoire; car Booz commanda qu'on laissât manger et boire Ruth avec ses servantes, exprimant jusques à la bouillie que Booz spécifia qu'on lui laissât manger avec elles.

Il y a jusques à un joueur de musette qu'il mêle dans son ordonnance pour faire voir par la gaieté de cet instrument champêtre qu'il y a pleine moisson, puisqu'on se réjouit; car l'Écriture marque expressément que la moisson était abondante.

Le paysage est admirablement traité. Il est difficile de voir rien de plus riche que ce lointain; il fuit avec cela d'une manière très conforme à sa situation ; le ciel clair fait une partie très considérable à la gaieté de cet ouvrage, et il faut avouer qu'il n'en a guère traité de mieux au plus vigoureux temps de son âge.

1. Ce mot, difficilement lisible dans le discours, a été écrit d'une façon plus nette un peu au-dessus de la ligne par Guillet de Saint-Georges, ce qui prouve qu'en 1683 il se servait du manuscrit même de Champaigne pour le relire à l'Académie.

Ce grand arbre de devant, par sa force qui est néanmoins très tendre, fait un merveilleux effet pour faire fuir les parties fuyantes de ce tableau. L'on peut dire que l'apparence[1] du blé, ou pour mieux dire la paille, n'est pas pas assez vive en comparaison de celle de ces quartiers. Il est aisé de répondre à cette objection ; car l'on sait qu'en Italie (qui n'est pas, à beaucoup près, dans une situation si chaude comme est la Judée) la paille n'y est pas si vive qu'ici ; à plus forte raison l'est-elle encore moins dans les climats les plus avancés où il y a plus de poudre.

Il y a une chose dans le tableau qui peut-être n'est pas au goût de tout le monde, qui est qu'il est beaucoup moins fini que ceux qu'il a faits auparavant. Mais je ne sais, Messieurs, si c'est une faute de ne pas porter toujours les choses dans le très fini, et soutiens qu'on rend souvent moins fini le tout ensemble à force de s'attacher trop aux parties particulières, parce qu'il me semble que la véritable correction consiste à rendre l'ordonnance régulière, plaçant les choses dans leur site, à bien proportionner les parties ensemble, à les bien dessiner de même et les colorer bien dans une écono-

---

1. Le manuscrit porte « dans l'apparence ». Il est probable que l'auteur écrivait au courant de la plume, ne se relisait pas, et qu'en commençant cette phrase il croyait la terminer autrement. Peut-être considérait-il ces conférences comme une honorable corvée dont il avait hâte de se débarrasser.

mie générale. Mais de dire que les parties soient plus ou moins finies, il me semble que cela ne fait rien au principal, étant très certain que les choses beaucoup finies sont sujettes à être pesantes quant aux expressions ; et il est presque inévitable qu'elles ne tiennent du dur dans la couleur ; et il n'y a pas de doute que le trop d'attache qu'on a souvent aux parties rend le général moins agréable et moins entendu. Car, comme cette entente générale est la plus noble partie et la plus importante, elle demande de s'y appliquer continuellement de toutes ses forces et avec plus de soin. Or il est évident que, finissant extrêmement les parties, l'on détourne l'esprit par de longs arrêts, l'empêchant un grand temps de s'appliquer au plus essentiel et à ce que la peinture a de plus grand et de plus magnifique en elle.

Prononcé à l'assemblée publique de l'Académie du deuxième jour de mai 1671 par M. Champaigne Le Neveu.

H. Testelin.

CONFÉRENCE
DE M. DE CHAMPAIGNE LE NEVEU

SUR LES BACCHANALES DU POUSSIN

3 mars 1674 [1]

Messieurs,

Ce tableau de M. Poussin, qui représente une Bacchanale, montre par son caractère qu'il est de ses premiers ouvrages, et quoiqu'il ne soit pas porté au point où il a été depuis, il n'est pourtant pas dépourvu de qualités à mériter vos attentions.

L'on y voit dans l'économie générale une grande manière, étant en ce temps-là incliné à s'attacher en quelques rencontres au général de la couleur plus qu'aux autres parties de la peinture où il s'est appliqué depuis, sans affecter l'une plus que l'autre, selon que sa lumière lui a fourni dans chaque temps de son âge.

Il faut, il me semble, tomber d'accord, Messieurs, que la joie et le divertissement qui est le sujet de ce tableau y sont très bien représentés, ayant,

---

[1]. Lu le 7 novembre 1711 (note du manuscrit). Au XVIIe siècle, ce discours fut relu le 6 juillet 1697 (Cf. procès-verbaux).

outre cela, eu un soin particulier de les diversifier par les mouvements différents qui sont propres à une débauche.

Le groupe de ces deux figures qui réveillent Bacchus couché sur la vendange fait un effet qui n'est pas des moins touchants dans cet ouvrage.

Ce danseur qui verse du vin à un enfant anime très bien le sujet; ces deux enfants, dont l'un regarde au travers d'un masque, n'y contribuent pas moins.

La femme qui joue de la guitare et celle qui l'écoute font une partie considérable du tableau, avec cette figure qui est sur le devant vêtue de jaune, qui semble par l'attitude qu'elle fait en haussant le bras tenant un verre vide, demander à boire; cette figure ne contribue pas peu à répandre un air de réjouissance dans le général.

Quant au paysage, il est certainement de grand goût: il représente sans doute, par sa couleur et le jour vif sur l'horizon, un matin, ce qui est la cause du brun qu'il a répandu sur le reste du paysage; enfin l'on peut dire avec verité qu'il est très beau.

Si l'on peut trouver à redire, Messieurs, à quelque partie de ce tableau, ce serait, il me semble, de ce que la chair de cette figure de devant, vêtue de jaune, ne paraît pas assez vive, vu l'éclat et la vivacité de sa draperie, qui détache très bien des figures qui sont plus avancées dans le tableau; mais quant à la couleur de la chair, elle se confond avec celle des femmes et ne sort pas davantage que la leur. L'on peut alléguer que la carnation dont nous parlons peut être amortie : à quoi je réponds que si elle eût été peinte plus vive, elle ne serait pas tant disproportionnée avec la vivacité de la draperie de laquelle elle paraît détachée.

Néanmoins, quoique ma vue me fasse trouver cette faute, je me rapporte entièrement à ce que vous prononcerez, Messieurs, sur la difficulté que je propose sur ce point[1].

---

1. En marge du manuscrit se trouve cette mention : « Champaigne Neveu 1674 » écrite par Testelin qui a apposé sa griffe (sans signature) très compliquée et très reconnaissable.

CONFÉRENCE

DE M. DE CHAMPAIGNE LE NEVEU

SUR LES PÈLERINS D'EMMAÜS DU TITIEN[1]

3 Octobre 1676

Voici, Messieurs, un des beaux tableaux du cabinet du Roi fait par le Titien, représentant Notre-Seigneur avec ses deux disciples en Emmaüs, qui est un ouvrage très considérable pour servir de sujet d'entretien, et vous exciter par même moyen à faire des remarques utiles pour l'instruction des étudiants et les porter à l'amour de l'étude, leur enseignant comme ils doivent regarder les belles choses pour en profiter.

Le Titien a fait ce tableau, selon les apparences, pour l'empereur Charles-Quint, ce qui se peut voir par l'aigle mi-partie dont on voit une partie représentée contre le bâtiment qui sert de fond aux figures qui sont à la droite du Christ. L'on sait que cette marque n'a été en usage que depuis Charlemagne, lequel divisa l'empire en deux parties en

---

1. Le manuscrit porte : Ouverture de la Conférence du 3 octobre 1676. On lit aussi la mention : lu le 4 mars 1713. — Les procès-verbaux nous apprennent qu'au xviie siècle, ce discours fut relu le 5 juillet 1698.

formant l'empire d'Occident, et laissa celui d'Orient aux empereurs de Constantinople, de sorte qu'on ne doit prendre cette marque que comme le cachet du prince pour lequel ce tableau a été fait, puisque, dans le temps de l'histoire qui est représentée, l'empire romain était dans sa splendeur.

Je crois, Messieurs, que vous tombez d'accord que la peinture n'a guère été portée plus avant que dans ce rare tableau. D'abord que l'on jette la vue sur le général de cet ouvrage, l'on y trouve une vérité agréable et magnifique qui représente la nature d'une force surprenante : ce qui fait dire que personne n'a eu plus d'intelligence, et qui en a mieux exprimé (sic) les effets que lui ; ne s'étant pas mis en peine d'éviter ce qui, aux yeux des autres, peut nuire aux carnations qui sont dans le jour, il a passé par-dessus toutes ces petites considérations pour ne s'attacher qu'aux grandes.

Il semble qu'il aurait pu éviter ce grand clair proche la tête du Christ qui est éclairée, pour laisser plus de repos autour de la principale partie du tableau ; mais il se peut faire qu'il ne l'a pas fait tant pour donner plus d'espace à son horizon que peut-être aussi il a jugé à propos de faire voir que la lumière est convenable à Notre-Seigneur, et qu'en étant l'auteur elle ne doit pas lui être désavantageuse. En effet la figure du Christ ne laisse pas d'avancer autant qu'il est nécessaire, attirant la vue sur elle comme étant l'objet principal de tout cet ouvrage.

L'on pourrait dire que la tête, quoique admirable en elle-même par le bel air qu'elle a et par la singulière beauté avec laquelle elle est peinte, paraît néanmoins un peu grosse, que la main qui fait action de bénir le pain est un peu fortement ployée au dessus; mais c'est l'effet du choix qu'il a fait d'une main souple, comme il se connaît lorsqu'on fait faire la même attitude à des personnes qui ne font point de travaux pénibles.

Mais il faut convenir que le tout ensemble dans l'intention de cette figure est à considérer pour la beauté du pinceau, et que l'on passe volontiers pardessus les réflexions qu'on pourrait faire ; car elle ne laisse pas d'avoir de la majesté, et réussit très bien comme ayant voulu représenter l'objet de l'attention des disciples et le moment qui leur devait ouvrir les yeux et qui devait faire l'effet des instructions qu'il leur avait faites par le chemin, s'étant réservé cet instant pour leur faire connaître la vérité de sa résurrection par la consécration du pain en la réalité de son corps, comme le témoignent les saints Pères de l'Église.

Les deux différentes attitudes des disciples marquent très bien la diversité de leur mouvement intérieur, et il semble que celui qui ouvre les bras (qui est vêtu de vert) est dans une surprise étonnante, voyant les apparences d'un mystère dans lequel il n'entre pas encore tout à fait, et l'autre paraît y entrer tout d'abord par l'humble respect qu'il témoigne avoir par son action, joignant les mains et se baissant vers l'objet de ses respects et de ses adorations, ce qui fait dans le général tout ce qu'on peut souhaiter d'agréablement diversifié pour exprimer l'esprit et l'âme, pour ainsi dire, d'un sujet.

Ce dernier disciple est habillé d'une manière particulière ; hors la draperie rouge, l'on pourrait dire qu'il est vêtu d'une façon assez conforme à un religieux pèlerin, portant un chapeau sur le dos et ayant un dizain de chapelet à la ceinture, ce qui n'est nullement conforme au temps qu'est arrivée cette histoire ; mais l'on peut dire, pour excuser le Titien, que celui pour lequel il a fait ce tableau a voulu que ce disciple fût orné d'une marque comme le chapelet qui est une grande vénération en Italie comme aussi en Espagne, et je ne doute point que le Titien ne l'aurait pas fait sans un ordre exprès, contre lequel il n'a pas eu apparemment assez de répugnance pour s'y opposer jusqu'au point de préférer l'exactitude de l'histoire à ce qu'on désirait de lui.

Les deux figures qui ne sont pas essentielles à l'action qu'il représente ne laissent pas de servir à son ordonnance et ne détournent pas les spectateurs de son sujet. Je crois que la vue principale qu'il a eue en les faisant a été de rompre la symétrie qu'auraient faite les deux disciples à côté de Notre-Seigneur. Celle qui se voit entre le Christ et le disciple étonné semble représenter le cuisinier, lequel regarde fixement ce qui se fait comme un mystère extraordinaire où il ne comprend rien ; cette figure représente très bien un homme convenable à la qualité de la personne qu'elle exprime, et est d'un très beau goût.

Le jeune garçon qui porte un plat a un air plus noble que n'ont d'ordinaire les valets. Le Titien a apparemment peint cette tête d'après un garçon qui était hors du commun, non pas seulement des valets, mais même entre ceux qui sont en état d'en avoir à leur service[1]. Quant à son habillement, il est un peu bien fort à la mode du temps que vivait le Titien, ce qui se connaît tant par la forme que par une grosseur qui se voit au bas de la ceinture des chausses, ce qui n'est pas une mode, au regard de ce temps-ci, fort honnête ; je ne sais si, au temps de Titien, elle pouvait avoir de la convenance aux vêtements d'une histoire de la conséquence qu'est celle-ci.

Mais se peut-il voir un labeur plus surprenant (qui ne sert pourtant que d'ornement) qu'est l'ouvrage qui est dans cette nappe ouvrée, laquelle ne

---

[1]. On lit en marge du manuscrit : Il y en a qui croient qu'elle est peinte d'après Philippe second.

laisse pas d'être dans toute la tendresse qu'on peut désirer, ce qui marque un amour extraordinaire que le Titien avait pour sa profession? Lui qui avait une liberté très grande pour peindre, l'affection ne laissait pas de le porter à faire un ouvrage qui semblerait captiver tout autre peintre que lui.

Pour ce qui concerne le paysage, ce n'est pas la moindre partie du tableau, et l'on peut dire qu'il est à un degré de beauté si extraordinaire qu'il charme au-dessus de tout ce qu'on en pourrait dire. Cependant il ne laisse pas dans toute sa beauté de faire plutôt paraître les figures que de leur faire tort, ce qui n'est pas une petite difficulté. C'est un endroit très savant à bien traiter de pouvoir faire accorder deux parties, chacune très belle en elle-même, ne faisant rien perdre de la beauté de l'une, et qu'elle serve néanmoins à faire paraître l'autre.

Au reste, Messieurs, s'il y a quelque chose qui se rencontre en ce tableau qui ne soit pas dans l'entière exactitude de la forme des habillements et de quelques autres parties dont j'ai parlé, cela n'est pas assez considérable pour blâmer d'ailleurs la singulière beauté du reste, qui doit asssurément charmer à un degré assez puissant pour ne rien diminuer de la louange qui lui est due.

Si l'on faisait justice en estimant les choses avec la sincérité qu'on leur doit, l'on ne s'emporterait jamais à des extrémités, comme l'on voit quelquefois, parce que le bien est si estimable et si rare qu'il doit être honoré et chéri de tous ceux qui aiment leur profession, en quelque lieu où il se trouve, et devrait ôter la dureté avec laquelle l'on voit traiter les beaux ouvrages, parce qu'ils ne sont pas exempts de quelques défauts.

Il y a de la différence à dire son sentiment touchant quelque matière académique, pour s'éclairer les uns les autres, et à faire des satires qui ne tendent qu'à obscurcir la vérité, et à ternir le mérite des belles parties qui se trouvent dans les différents génies des ouvrages des habiles hommes.

L'on peut dire avec vérité que cet esprit dur et malfaisant ne peut occuper que ceux qui n'en ont point du tout. Car, selon toutes les apparences, il ne se peut trouver particulièrement des personnes de notre profession, pour peu d'habileté et d'amour qu'ils aient pour un si bel art, qu'ils n'admirent toujours, avec une joie entremêlée du désir de posséder, toutes les belles choses qui se rencontrent dans les ouvrages des autres, parce qu'ils savent, par leur propre expérience, la difficulté qu'il y a de parvenir à un degré un peu considérable, à cause des différentes parties qu'il faut acquérir pour y parvenir.

D'où l'on peut conclure que s'il y a des peintres qui accablent un habile homme parce qu'il y a des défauts en ses ouvrages, qu'ils sont très peu savants, injustes et peu honnêtes, puisqu'il n'en fut jamais un seul sans défauts.

Mais après tout, quel fruit prétendent ces personnes-là de leur peu d'équité ? ils ont la satisfaction de se plaire à eux-mêmes, et à pas une personne éclairée qui a la justice pour sa règle.

L'utilité que j'espère tirer de cette réflexion est de faire voir par ce discours aux étudiants que, s'il n'y a point d'habile homme qui déchire les ouvrages des savants peintres, et ceux qui le font ne sont ni habiles ni sincères, il est bien moins séant à eux qui ne sont ni habiles encore, ni en rang par conséquent de critiquer, mais seulement d'étudier, de faire les juges plus que les autres, comme ils font tous les jours des plus beaux ouvrages, et de se partialiser de façon à condamner avec aveuglement tout ce qui n'est pas dans leur sens.

Le mal qu'il leur en arrive est d'une conséquence bien plus considérable qu'ils ne s'imaginent, parce que s'ils méprisent un tableau du Titien, par exemple, pour y avoir quelques fautes de correction, ils ne profiteront pas des beautés admirables qui s'y rencontrent d'ailleurs ; de même que si, en voyant un tableau de Raphaël, ceux qui n'ont de goût que pour la couleur ne lui rendaient pas l'estime qui lui est due, parce qu'il n'est point du Titien.

J'entends, en nommant ces deux grands génies différents de la peinture, comprendre les ouvrages des habiles qui les suivent, et comme il serait à désirer, pour faire un peintre parfait, que l'on possédât et le dessin et le pinceau dans une même perfection, parce que la belle nature est aussi bien colorée qu'elle est bien dessinée, voyant donc cette nécessité, il ne faut pas faire un voile à l'esprit par sa passion, mais au contraire faire tous ses efforts pour s'éclairer par les différentes lumières des autres, afin de se rendre capable de tirer le fruit nécessaire qu'on a besoin pour s'avancer.

Voilà, Messieurs, ce que ma pensée m'a fourni en examinant ce tableau, ce que je soumets à vos avis, comme étant des juges équitables et éclairés pour juger de la beauté de ce tableau et de tout ce que je viens de dire à son sujet.

M. de Champaigne.

Octobre 76[1].

---

1. Il semble que cette mention soit de la main de Testelin; mais la signature manque.

CONFÉRENCE

DE M. DE CHAMPAIGNE LE NEVEU

SUR LA MADELEINE DU GUIDE

11 avril 1677[1]

Il y a tant de sujets à traiter dans la peinture qu'outre les considérations générales, il y en a de particulières qui mériteraient chacune des réflexions académiques, et qui seraient assurément très utiles si elles étaient bien examinées, soit qu'on les regarde par rapport au tout ensemble dont elles font partie, soit qu'on les considère comme séparées et faisant un tout en elles-mêmes.

Ces reflexions sont à mon avis très utiles à soi-même, et très propres à insinuer aux étudiants l'esprit et l'intention qui les doit occuper en travaillant, afin qu'ils ne se contentent pas d'acquérir seulement une pratique de routine, sans l'accompagner

---

1. Le manuscrit porte en titre : « Ouverture de la Conférence du 11 avril 1677 par Jean-Baptiste de Champaigne. » — On lit en outre : « Lu le 3 mai 1710. » Enfin l'annotateur du xviii° siècle a écrit sur la couverture l'appréciation suivante : « Ce mémoire est très bon : je le laisserais, ce me semble, tel qu'il est, à quelques mots près que je changerais quand il aura été mis au net. » — Les procès-verbaux nous apprennent qu'au xvii° siècle ce discours fut relu le 8 novembre 1698.

continuellement des réflexions nécessaires pour se former une bonne théorie.

J'ai choisi, Messieurs, pour mon sujet, parmi les tableaux du cabinet du roi, cette demi-figure de la main du Guide ; c'est une Madeleine dans sa pénitence, occupée de l'amour de Dieu et des désirs du Ciel ; son action, l'état où elle est représentée, ses cheveux épars négligemment sur ses épaules et la simplicité de sa draperie font juger facilement du mépris qu'elle fait des choses du monde.

La Nature y est d'un beau choix, d'un grand goût de dessin et d'une grande correction. Elle lève les yeux et la tête en haut, la bouche entr'ouverte, le corps un peu penché du côté droit, et les mains croisées sur le sein, lesquelles sont accompagnées de quelques tresses de cheveux qui flottent agréablement sur cette partie que la bienséance empêche en quelque façon de montrer trop à découvert, et cela est fait de manière que ce soit plutôt un effet du hasard que de la prévoyance du peintre. L'expression en est touchante au dernier point ; elle n'est ni trop exagérée, ni trop languissante ; il serait difficile de la considérer quelque temps avec attention sans être touché soi-même de l'amour tout divin dont elle paraît pénétrée.

Il semble que le Guide ait eu dans la pensée de faire ici de cette pécheresse un objet d'amour plutôt que de pénitence, ou du moins d'exposer aux yeux le sens de ces paroles de l'Évangile, que « le grand nombre de ses péchés ne lui a été remis que parce qu'elle a beaucoup aimé ». Et si vous y prenez garde, vous trouverez que tout ce qui est dans ce tableau concourt à cette expression tendre et amoureuse; vous le trouverez non seulement dans les traits du visage et dans l'âge le plus propre à cette passion, mais encore dans le penchement du corps, et dans une certaine disposition des mains, dont les doigts écartés marquent parfaitement le transport dont l'âme est agitée. Cette action est ordinaire et commune à la plupart de ceux dont l'occupation intérieure est violente.

Tout est grand dans ce petit ouvrage, tout y est noble, tout y est gracieux, et il est sans doute que le Guide n'ayant que cette demi-figure à traiter, il y a voulu rassembler les mêmes beautés et la même perfection qu'il aurait faits dans un sujet de plusieurs figures.

Ce tableau me fait naître une occasion favorable pour entretenir aujourd'hui la Compagnie d'avancer cette proposition :

Que l'on doit garder la même économie dans un sujet de plusieurs figures que dans une seule tête.

Pour établir cette vérité, il est nécessaire de supposer deux choses : que le tableau qui sort de la main du peintre doit être un tout et que ce tout est l'objet de la vue; il doit lui être proportionné et l'attirer aisément et sans lui faire aucune peine. L'œil a cela de commun avec tous les autres sens qu'il ne peut naturellement se partager à plusieurs objets sans peine et sans diminuer son action, et nous sommes bien moins capables de juger de ces mêmes objets quand ils sont multipliés que lorsqu'il n'y en a qu'un; et de même que deux ou trois personnes qui nous parlent en même temps partagent notre attention, et font souffrir en quelque façon nos oreilles, ainsi nos yeux se portent avec inquiétude sur plusieurs figures ensemble, quand ces parties ne font point partie d'un tout et n'ont aucune relation l'une à l'autre.

Il est donc nécessaire d'admettre l'unité d'objet dans les tableaux, quelque grande que soit la quantité de figures qu'on y introduit. Quand elles sont bien placées et bien entendues, elles doivent faire le même plaisir aux yeux qu'un concert de quantité de voix fait aux oreilles.

Pour faire une unité parfaite, il faut que les parties qui la composent soient imparfaites en elles-mêmes et lorsqu'on les regarde séparément, en sorte que si elles étaient tirées de leur tout, aucune d'elles ne pourrait faire rien d'achevé et d'accompli. Une seule tête nous fait voir parfaitement cette unité, soit qu'on la regarde dans son sujet et son expression, soit qu'on la considère dans son relief;

et comme elle est la partie la plus familière et la plus commune dans la peinture, l'on ne peut choisir de comparaison plus sensible pour introduire facilement dans l'esprit de la jeunesse les grandes vérités dont on doit sans cesse être occupé dans le général.

Tout ce qui entre dans la composition d'un sujet doit contribuer à l'exprimer, ainsi que les parties d'une tête concordent toutes ensemble à marquer plus vivement la passion que le peintre veut représenter. Et comme la rondeur est la forme la plus proportionnée et la plus agréable à la vue (car il n'y a que les angles qui l'arrêtent et la divisent), et que cette rondeur qui se trouve dans une tête vient de la situation des parties qui donnent des jours et des ombres avantageuses, ainsi les figures qui entrent dans un tableau doivent être disposées comme une tête, en rond, autant que les sujets le peuvent permettre. Et quoiqu'il y en ait qui par leur plan soient à peu près dans cette disposition, cependant, faute de s'imprimer dans l'esprit ces vérités, les groupes et les figures ne réussissent pas comme ils feraient, si l'on s'y appliquait avec toute l'attention que la chose mérite, et c'est pour cela que ceux qui ne savent pas se servir de cet avantage ôtent tout le beau jeu qu'ils devraient attendre de leur travail. Comme les moyens que nous avons pour imiter la vivacité et le relief de la nature sur des superficies plates sont très faibles, si l'on ne s'applique avec bien de l'attention à considérer et à approfondir l'artifice que l'on doit y apporter en le joignant à la nature qui nous le montre souvent d'elle-même pour se dégager de la confusion, nous demeurons dans une stérilité fâcheuse.

Cette tête admirable du Guide est un sujet très propre à faire l'application de ce que je viens de dire, étant d'une beauté singulière ; elle a un air si beau et si noble qu'il est difficile de porter l'expression du sujet qu'elle représente à un plus haut degré ; et les mains sont si belles et accompagnent si bien la tête qu'on ne peut rien souhaiter davantage.

En considérant la tête en elle-même, l'on y voit l'observation générale d'une ordonnance de figure tout entière, dont les yeux, le nez, la bouche et le tour du visage font les parties, et l'économie que le Guide y a observée est si juste qu'elle peut servir en quelque sorte au sujet que je me suis proposé. La distribution du jour et de l'ombre y est d'une manière fort agréable et très bien entendue. Il n'y a de l'ombre qu'autant qu'il en faut pour former les parties et relever les jours, lesquels sont aménagés de façon à bien représenter la rondeur de la tête, les plus grands jours étant distribués sur les parties qui sont le plus exposées à la lumière, étant soutenus par des ombres qui leur donnent toute la vigueur nécessaire et suffisante, — le Guide n'ayant pas jugé à propos d'en mettre davantage pour ne point ôter l'agrément que son sujet demande, de sorte que le jour et l'ombre de cette tête feignent extrêmement bien la rondeur de sa forme; le nez, comme la partie qui doit paraître la plus élevée, contribue à la saillie des parties qui la composent; les yeux, quoique très vifs, sont si largement traités qu'ils ne nuisent pas aux parties les plus avancées et suivent le tournant de la tête; et enfin la bouche sert, en tenant la place où elle doit être avec tout l'agrément qu'on peut souhaiter, à rendre par sa force les parties supérieures de la tête plus douces et plus fuyantes.

Les tournants de la tête du côté du jour sont éteints avec toute la discrétion possible, de même que le côté de l'ombre s'affaiblit et s'éteint en se perdant dans le tableau, les plus fortes étant les plus proches des grands jours (*sic*).

Les mains sont traitées avec économie et nous tiennent lieu ici d'un groupe de figures tout entier, l'auteur ayant voulu distribuer son plus grand jour sur la main droite comme celle qui avance le plus, et la gauche, quoique détachée de la poitrine, sert d'un fond doux (nonobstant son relief) à celle qui avance le plus, et contribue à éteindre doucement la lumière de ce petit groupe.

Il me semble, Messieurs, que l'économie qui fait la beauté de cette tête que vous admirez doit être gardée à la composition d'un grand ouvrage, puisque l'un et l'autre ne doivent être faits que pour la satisfaction des yeux. Mais cette matière, qui est d'une extrême conséquence, demanderait d'être traitée beaucoup plus au long, et c'est à vos lumières que j'ai réservé ce détail, m'étant contenté de vous en faire le plan.

TROISIÈME PARTIE

L'ANNÉE 1672

TROISIÈME PARTIE

L'ANNÉE 1672

L'année 1672 s'ouvre à l'Académie par un événement important : le 9 janvier, Jean-Baptiste de Champaigne répond au discours de Blanchard sur le mérite de la couleur, et Charles Le Brun lit son Sentiment sur le même discours de Blanchard. Nous avons donné ces deux intéressants documents dans la première partie de l'ouvrage; nous n'avons donc pas à y revenir.

Cependant il est curieux de constater que les procès-verbaux mentionnent, sans autre indication, « l'exercice de la conférence » à la date du 2 janvier, et gardent le silence le plus complet sur les discours du 9 janvier. Ces discours auraient dû, semble-t-il, remplir toute la séance, et nous voyons au contraire qu'on y traita de nombreuses affaires. Faut-il croire que la date des manuscrits est inexacte et qu'il convient de reporter au 2 janvier la date de la conférence sur le mérite de la couleur? Il resterait alors à expliquer comment il se fait que Testelin nous ait à peine signalé cette importante conférence.

Au mois de février, nous ne trouvons, ni dans les manuscrits des Archives de l'École des Beaux-Arts, ni dans les procès-verbaux, aucune trace de conférence. Si nous rapprochons ce fait de l'assertion de Guillet de Saint-Georges qu'à la suite du fameux débat et de la guérison de M. Le Brun, « il y eut de l'une à l'autre (conférence) des intervalles extraordinaires », nous serons tentés de penser que l'exercice accoutumé n'eut pas lieu ce mois-là. D'ailleurs les procès-verbaux nous apprennent que de février à mai, l'Académie n'a qu'une préoccupation : faire à feu M. le Chancelier un service funèbre digne de lui et digne d'elle. On se réunit fréquemment pour discuter sur les dispositions à prendre en vue de la cérémonie, et certainement les conférences doivent en souffrir.

Cependant les procès-verbaux indiquent qu'il y eut une conférence le 5 mars; mais nous n'en connaissons ni le sujet, ni l'auteur, et l'intérêt de ce renseignement consiste en ce que nous savons ainsi que le règlement fut respecté au moment même où l'Académie est toute préoccupée d'importants travaux décoratifs[1].

Les procès-verbaux sont muets sur les conférences en avril et en mai; les archives n'en contiennent

1. Voici les artistes qui prirent part à ces travaux pour la pompe funèbre de Séguier : Nocret, Loyr, Champaigne le neveu, Boulogne, de Sève le jeune, Montaigne, Blanchard, de Namur, Corneille, Vignon, Wleugel, Yvart, Paillet, Friquet, peintres, et An-

pas non plus à cette date; mais aussitôt après le service funèbre du chancelier qui avait exigé beaucoup de préparatifs et beaucoup de dépenses, comme on le voit par le règlement de comptes, on reprend l'exercice ordinaire, et, le 28 mai, « M. Champaigne a dit qu'il se proposait au premier jour à ouvrir la conférence sur le sujet de l'éducation de la jeunesse suivant leur génie naturel »; en effet, le 11 juin, Philippe de Champaigne prononçait son discours « contre les copistes des manières » qui traite la matière annoncée. Nous ne reproduirons pas ce document qu'on a lu dans la seconde partie du livre.

A partir du mois de juin, l'Académie s'adonne avec le plus grand zèle au travail des conférences. Il est vrai de dire que l'éloge en revient surtout à Michel Anguier qui, pendant quatre mois, compose seul les discours d'ouverture. Ce fut d'ailleurs, avec les deux Champaigne et Sébastien Bourdon, un des artistes les plus disposés à prendre la parole dans l'Académie; il nous a laissé de nombreux discours. Celui qu'il prononça, le 2 juillet, « sur le corps humain représenté comme une forte citadelle » est bien étrange et bien maniéré; mais les autres sont d'un artiste soucieux d'être utile à ceux aux-

guier, Girardon, les de Marsy, Regnaudin, Desgardins, Le Hongre, Massou, Ouzeau, Mazeline, Rabon, sculpteurs. Tous travaillèrent gratis; dans ces conditions, on aurait eu mauvaise grâce à se montrer trop exigeant sur l'article des conférences.

quels il parle. Nous les donnons tous les quatre, quoique celui du 3 septembre soit indiqué par le manuscrit comme étant de 1670. Mais il faut remarquer que le 0 est mal fait dans le texte original, que le 3 septembre 1672 fut un samedi (jour de séance), et enfin que le 17 août, Anguier avait « proposé pour sujet de conférence de parler sur une méthode de faire une anatomie grande comme nature ». Or le titre de la conférence faussement attribuée à l'année 1670 est le suivant : « Sur une méthode particulière qu'il faut tenir pour faire une figure anatomique de sculpture, et comme il convient s'en servir pour la facilité du dessin. » D'ailleurs, au cours de ce discours, l'auteur renvoie à celui qu'il avait fait (le mois précédent, et par conséquent postérieurement à 1670) « sur les mouvements et repos des muscles ». Il est donc bien certain que nous possédons les quatre discours prononcés par Anguier en 1672, et le lecteur pourra juger, en les étudiant, si la critique des sculpteurs l'emporta, à l'Académie Royale, sur celle des peintres. On se convaincra aisément, je crois, que l'artiste (sauf le 2 juillet) parla plutôt en professeur qu'en critique d'art.

Le 10 octobre, l'Académie décide que Friquet, candidat à la place de professeur d'anatomie, « fera, au premier jour de conférence, quelque démonstration sur l'anatomie », et ainsi, le 5 novembre,

Friquet, après avoir prononcé un discours dont la Compagnie fut « très satisfaite », obtint le poste qu'il sollicitait. Mais nous ne connaissons pas cette sorte de « morceau de réception » oratoire : sans doute, les Archives de l'École des Beaux-Arts possèdent bien de Friquet « un recueil sommaire des leçons anatomiques données aux élèves de l'Académie sous le rectorat de M. Le Brun, de l'année 1673 », lequel rectorat cessa en avril; mais il ne semble pas que ce recueil soit identique au discours du 5 novembre; et en tous cas, ce n'est pas autre chose qu'un cours d'anatomie très sec et très court, avec accompagnement de figures, dont le ton n'a rien de commun avec celui des conférences ordinaires. Aussi ne lui avons-nous pas donné place dans ce recueil.

Mais nous considérons comme une véritable perte la disparition du discours qui fut sans doute prononcé le premier samedi de décembre; car les procès-verbaux nous disent que, le 26 novembre, « M. Blanchard s'est chargé de faire l'ouverture de la conférence sur le sujet de la disposition des couleurs et de leurs propriétés. » L'année s'était ouverte avec une discussion sur le coloris; elle se termina sur la même question; et ceci prouve, en passant, que Guillet de Saint-Georges a eu bien tort d'attribuer l'interruption des conférences à l'émoi soulevé par le débat de 1671; moins d'un an plus tard, l'Académie laisse Blanchard, à qui elle témoigna très souvent son estime, revenir sur le sujet passionnant et faire sans doute l'éloge de la couleur. Il faut vraiment regretter que ce discours ne nous soit pas parvenu.

On voit donc que l'année 1672 fut bien employée, à l'Académie, pour les amateurs de conférences, que si, au début, les artistes négligèrent un peu cet exercice pour des travaux de leur profession, ils y revinrent dès que ces travaux furent terminés et s'y adonnèrent régulièrement jusqu'à la fin. Mais nous ne pouvons cependant apporter ici que quatre discours de Michel Anguier. Au moins offriront-ils un échantillon nouveau des conférences de l'Académie, puisqu'ils traitent de la sculpture et surtout de la technique du métier.

CONFÉRENCE DU 2 JUILLET 1672
SUR LE CORPS HUMAIN
REPRÉSENTÉ COMME UNE FORTE CITADELLE [1]
PAR MICHEL ANGUIER

PRÉFACE

Ce me semble, Messieurs, que c'est avec juste raison que j'ai entrepris de vous représenter cette esquisse de la fabrique du corps humain par un discours mystique ou énigmatique, qui pourra donner à nos élèves les premières lumières des compositions et des expressions de plusieurs sujets, et afin aussi que tous ensemble nous puissions déclarer l'infinie sagesse de l'Architecte qui a composé et fait le dessin, et l'a exécuté de ses propres mains d'une façon si admirable qu'il n'y a en ce monde palais royal ni république si bien dressée qui ait tant de manières d'offices et d'officiers, je veux dire tant de diverses parties qu'en a le corps humain pour son gouvernement et conservation, desquels les unes servent pour le couvrir, comme est la peau, la chair et la graisse, autres servent à cuire la viande,

---

[1]. Je doute qu'on ose en indiquer le titre (note manuscrite du XVIIIe siècle.)

comme l'estomac et les entrailles subtiles et déliées, autres font le sang, comme le foie, autres le conduisent par tous les membres, comme font les veines, autres engendrent les esprits de la vie, comme le cœur, autres conduisent et départissent ces esprits par tout le corps, comme les artères, autres font les esprits du sentiment, comme les sens, autres distribuent cette vertu par tout le corps, comme les nerfs, autres servent au mouvement qui dépend de notre volonté, comme les jointures, aucunes reçoivent les superfluités du corps, comme la rate, le fiel, les rognons, la vessie, les boyaux, par les autres passe l'air qui recrée les sens et le cœur, comme les narines, le gosier, les poumons et l'artère veineux ; les autres conviennent aux sens extérieurs, comme les oreilles à ouïr, les yeux à voir, la langue et le palais de la bouche à goûter, les poumons et le gosier à parler, autres servent de fondement et de soulèvement, comme les os et les tendons.

ENTRETIEN ACADÉMIQUE
SUR L'ARCHITECTURE, SCULPTURE ET PEINTURE
TIRÉ DU CORPS HUMAIN

Quand le divin Architecte universel eut donné l'exacte proportion et mesure à la grande voûte céleste, et quand il l'eut enrichie d'un grand nombre d'éclatants ornements, et après qu'il eut fait le grand marchepied terrestre orné d'un grand nombre de communes et belles perspectives, comme premier sculpteur il prit un rouleau de terre, la pétrit, et de ses divines mains en fit le premier modèle de l'homme, véritablement parfait en ses os, nerfs, veines, artères, muscles et peau, et par son grand amour il lui a exhalé un souffle de sa divinité, qui l'a rendu une œuvre parfaite et achevée.

Sur ces trois divines et naturelles parties faites de la main du Seigneur nous appuierons ce discours de l'architecture, sculpture et peinture, et nous le fortifierons sur la structure, proportion et assemblage du corps humain, puisqu'il contient en lui-même tout ce qui est représenté en tout l'univers, qui n'est autre chose qu'une habitation commune.

Je désire maintenant représenter cette divine œuvre du corps humain (à l'imitation de plusieurs savants écrivains) à (*sic*) une forte place dans laquelle nous verrons les principaux lieux, les rues, les habitations et logements des officiers, et le grand ordre qu'ils exercent quand ils suivent les bonnes volontés de leur sage gourverneur.

Et ensuite nous ferons voir les guerres civiles, qui troublent et mettent en désordre tous les habitants de cette noble citadelle, causées par les premiers officiers.

Nous représenterons en troisième lieu sept puissants ennemis étrangers qui attaquent continuellement cette forte place avec de puissantes armées.

Par ces désordres et troubles, nous remarquerons en l'homme plusieurs expressions de visages, selon les diverses agitations et émotions de l'âme.

L'orgueilleux au visage refrogné fera ses approches vers le quartier du gouverneur.

Le furieux colérique aux yeux enflammés tiendra lieu dans cette première attaque contre le premier ministre.

L'avaricieux mélancolique et fourbe épiera les quartiers les plus faibles pour surprendre la place.

Le brutal luxurieux attaquera le quartier du maître d'hôtel et du grand écuyer.

Le maigre et pâle envieux, emperruqué de serpents, avec sa dent envenimée, se glissera par les plus secrètes entrées en cette forteresse.

Le gourmand ivrogne au large ventre attaquera la partie d'en bas avec l'efféminé paresseux accablé de misères qui ne manqueront pas d'apporter le désordre par leurs négligences.

Tous ceux-ci, comme généraux et capitaines ennemis de cette grande place, seront accompagnés d'un nombre infini de troupes de leur même qualité ; ils seront tous armés de diverses armes, et veilleront continuellement alentour de cette place pour la surprendre par trahison ou par force d'armes.

Or comme le Créateur universel voulut loger dans le palais de cette magnifique place un gouverneur capable de commander à un grand nombre de peuples, et de se défendre continuellement contre un si grand nombre d'ennemis, il le créa à sa similitude ; car le Seigneur est beau ; aussi l'a-t-il fait beau ; le Seigneur est immortel ; aussi le gouverneur est immortel ; le Seigneur travaille toujours, le gouverneur de même ; le Seigneur discourt, aussi fait le gouverneur ; le Seigneur fait tout par sa providence, le gouverneur par sa même prudence ; le Seigneur fait tout par raison, le gouverneur fait tout par compas et par règles.

Ce puissant gouverneur possède tant de si nobles qualités que Dieu l'a voulu loger dans le quartier le plus élevé du château, afin de contempler de plus près sa légitime demeure, et aussi pour commander plus facilement à un si grand nombre d'officiers qui sont sous sa dépendance ; mais si nous voulons regarder la gentille composition et la subtilité industrieuse que le grand Architecte a ingénieusement observées dans le noble divin appartement du gouverneur ; si nous considérons les colonnes, les voûtes lambrissées qui soutiennent la lourde masse de ce superbe édifice ; si nous contemplons les salles, les chambres, les antichambres, les quatre sinus, les miroirs transparents, la grande bibliothèque, et un labyrinthe industrieux de divers tours et détours, les escaliers du commun et les escaliers secrets, les passages et autres pièces nécessaires pour la commodité du gouverneur et des officiers logés dans son quartier, nous serons obligés de dire avec un ancien philosophe merveilles de la hardiesse de la nature.

Dans ce noble et divin appartement, il y a une forte et grande voûte (le crâne)[1], qui couvre la partie supérieure, incrustée de deux épaisseurs de stuc (les deux méninges) dont le premier est gros et dur, et le second est plus délicat et plus blanc, et au-dessus de cette grande voûte est posé le comble qui porte la couverture (le pannicule charneux, les cheveux).

Au-dessous de l'entablement (le front), sur la face de devant, sont deux fenêtres (les yeux), couvertes de manteaux en dehors (les paupières), très faciles à ouvrir et fermer; le verre des vitres est convexe et très délicat, au travers duquel et par les réflexions on connaît les volontés du gouverneur (les yeux miroirs de l'âme), car il s'approche souvent de ces divines fenêtres; au dedans de ces deux fenêtres sont plusieurs rideaux (six tuniques); six officiers ont charge de fermer et ouvrir les deux manteaux de ces admirables fenêtres (six muscles pour ouvrir et fermer les yeux).

1. Les mots entre parenthèses sont en marge dans le manuscrit.

Au-dessus de ces deux fenêtres sont deux grands auvents (les sourcils) pour la conservation de ces deux fenêtres, lesquels auvents se haussent et se baissent par la force de deux serviteurs qui ont cette charge (deux muscles).

Entre ces deux admirables fenêtres sont deux tuyaux d'égout, lesquels servent pour la descente des eaux superflues et des immondices qui pourraient embarrasser le gouverneur et les officiers qui sont en grand nombre logés auprès de lui (le nez). Quatre officiers (quatre muscles pour les narines) ont charge de nettoyer ces deux tuyaux de descente. Auprès de ces deux tuyaux de descente, il y a une grande porte (la bouche) remparée de boulevards, de fossés et de trente-deux tours (les dents); les gonds et les pentures de cette porte sont admirables pour la facilité de leurs mouvements; quatre portiers sont employés pour ouvrir et fermer les deux manteaux de cette grande porte (quatre muscles pour ouvrir et fermer la bouche).

Aux deux côtés de ce noble appartement, il y a deux portes de secours en symétrie et toujours ouvertes (les oreilles), très ingénieusement faites en leurs larges entrées et chemins tortueux, en forme de limaçon ou d'une trompette; et là sont deux portiers qui reçoivent les ambassades du souverain seigneur, et portent la parole au gouverneur jusque dans sa chambre; six serviteurs ont la charge de ces deux portes (six muscles servent pour les oreilles).

Il n'y a aucune entrée sur la face de derrière ; la maçonnerie y est beaucoup plus forte que sur le devant (les vertèbres et les autres os du derrière); les assises des pierres sont admirables par leurs liaisons et enclavures (les ligaments); et les agrafes et crampons qui les tiennent serrées ensemble (les tendons) sont si bien scellés qu'elles ne se peuvent séparer ni disjoindre.

Dans ce noble et divin appartement du gouverneur, il y a une grande bibliothèque (la mémoire) remplie d'une prodigieuse quantité de beaux et rares livres et de plusieurs pièces curieuses et belles, faites des mains les plus savantes. Le bibliothécaire a la charge de toutes ces choses.

Ce savant bibliothécaire est vêtu d'un long manteau grave et modeste (la langue). Étant rempli de la vertu de son maître et des divines pensées du premier ministre, il fait ouvrir la grande porte du palais près de laquelle est sa demeure, et il s'avance pour chanter les louanges de son divin créateur ; là, il déclare aux auditeurs les volontés de son maître ; là, par sa parole emmiellée, il attire des milliers de personnes ; là, il civilise les peuples les plus barbares, et il enseigne les sciences et les beaux-arts à la jeunesse. Dix officiers sont à sa suite pour le servir à son besoin (dix muscles servent pour les mouvements de la langue).

Dans ce bel appartement du gouverneur, est logé son lieutenant général (des nerfs), afin qu'il puisse recevoir avec plus de facilité les commandements de son maître, d'autant qu'il ne doit faire aucune chose sans la volonté du gouverneur; mais sitôt qu'il lui commande, en un instant le commandement est porté par l'agilité du lieutenant en tel quartier qu'il lui est commandé (la volonté fait le mouvement des nerfs). Et pour se faire obéir, il fortifie ce peuple par les vertus et l'ardente amitié que son seigneur a pour eux; aussi il les anime par sa promptitude et sa grande agilité (la force et l'esprit des nerfs maintiennent toutes les parties du corps); et c'est par cette voie qu'il leur relève l'esprit et qu'il leur donne la force et mouvement pour faire promptement l'exercice de leurs charges et commissions (les nerfs, organes du sentiment et du mouvement pour les muscles et pour les fibres).

La seconde personne qui commande dans ce superbe château, c'est le premier ministre (le cœur); c'est pourquoi il a son logement dans un quartier plus bas que celui du gouverneur, afin qu'il puisse recevoir ses commandements avec plus de facilité (le cœur moindre en dignité que le cerveau). Ce quartier est circuit (*sic*) en dehors de terre glaise humide et froide, plus d'une forte clôture et de fossés remplis d'eau par la conservation de ce noble ministre (la péricarde ou fortification de cet appartement ; Jésus crucifié reçut le coup de lance dans la péricarde dont il sortit de l'eau et du sang). Il est aussi très commodément logé pour l'exercice de sa charge, d'autant qu'il est obligé d'agir partout et de donner ses ordres à tous les officiers, soldats et valets ; car tous en général et en particulier dépendent de lui, et de lui dépend tout. Son naturel est extrêmement prompt ; il est chaud, actif, robuste et fort au travail (qualité du cœur) ; son mouvement et agitation continuelle dans le devoir de sa charge lui fortifient son esprit (le diastole et sistole), et c'est par l'assiduité de ces travaux qu'il accumule de grands biens ; car ses richesses lui sont portées comme l'eau d'un torrent qui se décharge d'un haut rocher, et coule par un nombre infini de petits ruisseaux dans les prochaines campagnes (comme la veine cave s'ouvre au cœur) ; non pas qu'il retienne ses abondantes richesses dans ses coffres ; au contraire il les met en meilleure valeur, et par après, comme libéral, il les distribue à ses amis et à ceux qui en ont besoin.

Il a toujours grande provision dans ses caves d'un nectar vinifique qu'il distribue à ses amis par des chemins secrets (des artères) ; ce délicieux breuvage, par la vertu de son esprit, fortifie et réveille ceux qui en prennent discrètement (veine coronnaire) ; il se contente de peu pour sa nourriture ; il prend dans l'enceinte de son appartement quelque aliment duquel il se nourrit et sustente.

Au plus bas de l'appartement de ce noble ministre, sont placés les offices (du ventricule), dans lesquels se fait la décharge des viandes pour la nourriture de tout ce grand nombre de peuple dont nous parlerons ensuite.

Toutes ces viandes sont apportées par dix pourvoyeurs (les doigts) jusque dans la grande porte du château dont nous avons parlé, auquel lieu elles sont visitées, fleurées et goûtées par trois officiers commis pour cette charge (la vue, l'odorat, le goût). Étant trouvées bonnes, elles sont déchargées dans une grande place pour être passées par une seconde porte (l'épiglotte); là elles sont reçues par quatre officiers qui les conduisent eux-mêmes dans une large rue courbe et en biais (l'œsophage, ses quatre muscles), à cause du logement du maître d'hôtel qui avance au devant (place du foie); au bas de cette rue sont plusieurs officiers et valets de cuisine qui les reçoivent dans les offices (les muscles qui attirent les viandes); et quand il se trouve quelque viande défectueuse, ou quand il s'en trouve trop grande quantité, tous les officiers de ce quartier s'accordent ensemble pour les repousser avec violence et les faire sortir par la grande porte par où elles étaient entrées (du vomissement). Or d'autant que la chaleur des offices entre dans cette grande rue, il y a des sources d'eau dans le milieu de cette rue pour rafraîchir les officiers de ce quartier-là, et pour maintenir les viandes en meilleur état (les deux glandes amygdales); en ce quartier il y a une troisième porte (l'entrée du ventricule), par où on les met dans la grande et nécessaire marmite, d'autant, dit Hippocrate, que d'elle dépendent toutes les vertus des habitants de ce lieu; car si le feu, dit-il, est trop ardent, les officiers sont paresseux, les chemins sont larges et les peuples sont sujets à la colère.

C'est pourquoi le gouverneur et le premier ministre ont besoin que cette cuisine soit bien tempérée, afin de maintenir tous ces peuples en bonne intelligence (la santé); car quand ils manquent de quelque chose, ils sont tous en désordre, et abandonnent leurs charges et leurs commissions (les maladies).

L'écuyer de cuisine a grand soin de bien couvrir cette grande marmite afin de la bien laisser bouillir (fibres circulaires), et afin aussi que le gouverneur et le premier ministre ne soient point incommodés des vapeurs de cette marmite bouillante. Les valets sont soigneux d'entretenir le feu dans une égale chaleur (chaleur égale pour la coction).

Or pour souffrir le feu de cette grande cuisine, et pour rafraîchir les officiers de ce lieu, afin qu'ils puissent mieux vaquer aux devoirs de leurs charges, il y a un grand soufflet en forme d'éventail (le diaphragme), qui fait la séparation de l'appartement du premier ministre d'avec les offices, afin, dit Aristote, que le premier ministre ne soit point incommodé des fumées et des vapeurs des offices. Cet éventail a la forme presque ronde ; il est fort par le milieu et faible aux deux extrémités (forme du diaphragme); deux cercles tiennent deux cuirs étendus et bandés ferme (cause du chatouillement) : il est attaché par deux liasses de fort cuir aux murailles voisines (les deux tendons du diaphragme); le vent entre par un côté et sort par l'autre. Il est humecté par quatre vaisseaux rafraîchissants qui dégouttent dessus, de peur qu'il ne se dessèche trop par la grande chaleur du feu des offices (deux artères, deux veines).

Le gouverneur et tous les officiers, valets et soldats de ce superbe château ne pourraient subsister sans l'agitation de ce grand éventail ; c'est pourquoi son mouvement se fait par soixante-quatre ouvriers (soixante-quatre muscles servent pour l'expiration et l'inspiration), c'est à savoir trente-deux pour hausser et autant pour abaisser ; le vent entre froid et sort chaud par la grande porte et par les deux tuyaux d'égout dont nous avons parlé ci-devant (par la bouche et par le nez).

Encore que le premier ministre soit beaucoup agissant et robuste pour vaquer à l'exercice de sa pénible charge, cependant il ne peut souffrir l'incommodité du vent de ce grand soufflet ; c'est pourquoi il a un serviteur ou officier fidèle (le poumon) toujours auprès de lui (c'est l'économe de sa maison), qui arrête la violence de ce grand vent en le retenant dans des lieux réservés (le poumon spongieux retient l'air pour le tempérer par une chaleur modérée), avec lequel vent il va fraîchir son maître d'un air plus doux, puis il l'essuie de sa sueur causée par son grand travail (le poumon purge le cœur de ses excréments fulgineux). C'est pourquoi son maître l'entretient de ce dont il a besoin, et même le défraye de sa nourriture, car il est le seul qui mange à la table du premier ministre ; aussi il lui donne bonne pension. Platon dit qu'il a été créé pour éventer le premier ministre lorsqu'il est enflammé de colère. Ce fidèle serviteur a plusieurs charges : car c'est lui qui attire et repousse l'air humide par la grande porte, et qui porte la parole au bibiothécaire qui reçoit les esprits (l'organe de la respiration et de la voix, et la boutique de l'esprit).

Dans le quartier de ce fidèle économe, il y a un grand chemin assez âpre, rude et raboteux, que Lactance nomme « fistula spiritualis » (la tranchée artère). D'autant que les esprits passent par cette rue, au bout de laquelle il y a une porte faite avec une grande industrie, elle est toujours à demi ouverte, si ce n'est quand les porteurs de victuailles, dont nous avons parlé, la ferment en passant (le larinx et l'épiglotte); mais il y a un valet derrière cette porte qui la repousse et l'ouvre à demi, afin que l'air puisse entrer et sortir facilement (le muscle qui fait mouvoir l'épiglotte). Quatorze valets sont employés pour nettoyer ce grand chemin et pour pousser et porter les immondices par la grande porte du château (quatorze muscles servent pour cracher).

Le maître d'hôtel, poussé d'un téméraire appétit de convoitise, prend tout, s'attribue tout (le foie); mais c'est avec juste raison d'autant qu'il est obligé de nourrir à ses dépens tout le grand nombre de peuples qui habitent au dedans et au dehors de ce puissant château. Sa charge est noble, sa dignité très grande (qualité du foie), son tempérament est chaud et humide, plaisant et gracieux (son tempérament). Platon l'appelle le siège de l'amour et de la concupiscence, et lui donne puissance de deviner. D'un côté il reçoit toutes les viandes cuites, les goûte, les assaisonne, et les rend beaucoup meilleures qu'elles n'étaient auparavant.

Étant ainsi bien préparées dans ses offices, il les envoie par ses officiers dans deux grandes places dont l'une s'appelle la place de la porte (veine porte), à cause qu'elle est près de la porte du quartier des offices, l'autre s'appelle la place cave (veine cave), d'autant qu'elle est fort profonde. Toutes les allées, les passages, les rues et les ruelles, qui sont en très grand nombre dans le quartier du maître d'hôtel et des offices, viennent aboutir dans la place de la porte (les racines de la veine porte); et par cette quantité de rues et ruelles, les porteurs viennent emplir cette grande place de toutes sortes de viandes cuites (le tronc), pour être portées par tous les quartiers de ce puissant château (la distribution). Ainsi comme la substance de la terre est tirée par les racines d'un grand arbre, ce suc humide est porté par les fibres dans le tronc, puis dans les branches pour donner de la nourriture aux fruits.

De la place cave (veine cave) les porteurs peuvent aller par tous les lieux et quartiers de cette grande citadelle; c'est pourquoi quelques anciens ont appelé cette place la nourrice de la nature humaine. Cette grande place se sépare en deux grandes rues, dont l'une descend en bas et l'autre monte en haut en forme d'un escalier (veine ascendante), lequel passe par le quartier du grand éventail, et par le quartier où sont logés plusieurs officiers du commun (le médiastin), et par le logement du premier ministre (vers le cœur), auquel lieu il y a une grande porte par laquelle entre une grande quantité de ces viandes que le premier ministre retient chez lui (la veine ouvre son côté pour verser du sang dans le cœur); puis il les envoie à son fidèle serviteur économe de sa maison, lequel a ordre de son maître de les distribuer à tous ses amis et à tous ceux qui en ont besoin, comme nous avons dit ci-devant.

Du quartier du premier ministre cette grande rue poursuit en montant jusqu'à un lieu nommé sous-clavier, puis se sépare en cinq grandes rues, dont la plus grande partie sortent de l'enclos du château pour conduire dans presque tous les quartiers de la place. Une des plus grandes des cinq (la cervicale) monte dans le quartier du gouverneur, tout le long des murailles du derrière de ce quartier élevé.

La seconde grande rue de la place cave (du tronc descendant), laquelle descend au bas du château, va jusques aux îles (l'os iliaque), puis elles se sépare en cinq ruelles différentes, l'une desquelles se sépare en deux petites ruelles (veines spermatiques), lesquelles conduisent dans le quartier du grand écuyer; étant dans ce quartier, elles se séparent en une grande quantité de petites voies; c'est par ces rues et ces petites ruelles que le maître d'hôtel fait porter la nourriture pour les chevaux dans les écuries; mais ceux du côté droit, dit Hippocrate, sont mieux nourris, et par conséquent ils sont plus vigoureux; c'est pourquoi ils servent aux hommes; et ceux du côté gauche moins nourris, et par conséquent moins fougueux, servent pour les femmes (Hippocrate dit que les mâles sont conçus au côté droit et les femelles au côté gauche).

Il y a encore plusieurs autres rues et chemins par lesquels sont portés les aliments et autres choses nécessaires pour les officiers et valets de ce quartier des écuries.

Le grand écuyer a tant de pouvoir dans ce château que Galien dit que c'est par lui que le premier ministre et les autres officiers exercent fidèlement leurs charges, et que sans lui ils deviendraient lâches, mols et efféminés.

Xénophon dit au contraire que la paix et union est plus solide entre tous les officiers du château quand il est dehors. Il est vrai que les histoires anciennes et modernes nous font foi de cette vérité par les désordres et malheurs suscités par l'infamie de cet écuyer.

Les aliments que le maître d'hôtel reconnaît être mal préparés et mal assaisonnés par la négligence et paresse des officiers, il les rejette dans un vaisseau à part afin qu'ils ne nuisent pas aux bons (de la vescicule). Là, ces immondices deviennent vertes et âcres à cause de leurs impuretés, et par un canal elles se déchargent dans une grande rue, par laquelle passent toutes les superfluités des viandes des offices et autres immondices, comme nous dirons en son lieu (la vescicule se décharge dans le boyau duodenum).

(De la rate, Timée, liv. IV.) Il y a un officier logé au côté gauche du maître d'hôtel, lequel a soin de nettoyer le logement de son maître et toutes les offices qui sont sous sa dépendance; il retient dans son logement les immondices, balayures et autres saletés, en attendant que d'autres serviteurs du dehors du château les viennent prendre; quelquefois il est beaucoup incommodé de ces saletés (les remèdes déchargent la rate).

(Des boyaux.) Après nous être promenés dans une grande quantité de rues, il nous faut maintenant remarquer la plus grande et la plus admirable de toutes. Elle commence dans le quartier des offices et du maître d'hôtel (le boyau duodenum). Son commencement est large, puis s'étrécit, et va en penchant en bas; le pavé est rude et couvert d'une croûte rude et raboteuse; elle va droit vers les murailles du derrière du château. Cette rue reçoit par un canal qui décharge dedans les saletés vertes que le maître d'hôtel fait porter dans un vaisseau à part, comme nous avons dit ci-devant (la vescicule se décharge dans le boyau duodenum).

(Décharge du ventricule dans le boyau duodenum.) Dans l'entrée de cette grande rue, les valets de cuisine vident les restes de la grande marmite dont nous avons parlé ci-devant. Dans ces superfluités du reste des viandes, il y a encore plusieurs morceaux mal cuits et mal assaisonnés, et négligés, qui sont reçus par plusieurs officiers et valets qui demeurent dans cette grande rue, lesquels font choix de ce qui est bon et le mettent à part, s'en chargent, et le portent par de petites ruelles au maître d'hôtel qui les fait cuire et assaisonner par ses officiers de cuisine (les veines mésentériques avec les fibres desdites veines). Ceux qui ont porté ces bonnes viandes les rapportent dans leurs quartiers pour servir à leur nourriture et à la nourriture de leurs voisins ; et ce qui est mauvais de ces restes de viandes coule par le milieu de cette grande rue.

Cette grande rue s'étrécit un peu vers le milieu et change de nom (l'ilion). En cet endroit elle fait une grande quantité de tours et détours circulaires en forme d'un labyrinthe, que si on mesure la longueur, on la trouvera sept fois longue comme toute la forteresse (Timée, liv. IV). Platon dit qu'il fallait que cette rue fût de cette longueur, afin que les vivres ne se perdissent pas, étant plus longtemps à passer, et qu'il ne fallût pas à tous moments en remettre d'autres en leur place, d'autant (dit-il) que le gouverneur, les officiers et autres n'auraient pas de temps ni de repos pour vaquer à la contemplation et méditation. C'est pourquoi cette rue est extrêmement longue et tortueuse en forme d'un dédale.

Il se rencontre dans cette longue rue une large

place qui n'a point de pente (le cœcum) ; tout ce qui coule de la rue demeure longtemps dans cette vaste place ; c'est là où les valets et autres pauvres gens qui sont logés dans ce quartier prennent ce qu'il y a de bon pour leur nourriture.

De ce lieu on entre dans une longue et large rue (le colon), laquelle tourne circulairement alentour de la précédente, et se termine enfin en un quartier qu'on appelle sacrum. Là il y a une petite porte par laquelle les balayeurs et les pauvres gens logés dans cette rue poussent toutes les immondices en bas, dans la partie plus large et droite de cette rue. En cet endroit, il y a une ouverture d'égout fermée d'une forte porte (le sphinctère), par laquelle sont poussées dehors toutes les immondices et saletés de toute la forteresse. Quatre portiers (quatre muscles) ont soin d'ouvrir et fermer cette porte quand il en est besoin.

(Louange à Dieu.) Le divin Architecte, qui n'a jamais manqué en aucune partie de ses œuvres, a placé cette ouverture d'égout en un lieu le plus secret, le plus caché et le plus éloigné des nobles habitations de ce palais royal, afin que personne ne soit incommodé des vapeurs corrompues.

(De la vessie.) Nous avons encore à représenter une pièce que Galien nous invite d'admirer l'industrie du divin architecte : c'est un étang ou réceptacle dans lequel se fait la décharge des eaux qui découlent de toutes les rues de cette grande place. Quelques parties de ces eaux s'exhalent en brouillards (la sueur), et la chaleur en dessèche une autre partie (chaleur des entrailles), et tout le reste passe par deux grands canaux jusques à deux grands réservoirs concaves et spongieux (les reins), qui sont aux deux côtés du château ; de là l'eau passe par deux aqueducs descendant en bas (les urétères) et faisant plusieurs tours et retours alentour du grand réceptacle, dont l'un aboutit d'un côté de ce réceptacle et l'autre de l'autre côté. Mais il faut noter que ce réceptacle est double, que ces canaux se déchargent par une petite entrée de chaque côté dans la première clôture, et que par deux canaux l'eau est conduite dans la seconde ouverture du réceptacle, assez éloignée de la première entrée, afin que l'eau ne puisse regorger ni retourner par le lieu par où elle était entrée (première membrane de la vessie, seconde membrane de la vessie). Il y a un enduit fort dur dans le fond, afin que l'eau ne puisse pénétrer, et aussi pour résister aux coups de pierres qui sont jetées dans ce réservoir. Aristote l'appelle le réceptacle de l'excrément humide. Ce grand réceptacle n'a qu'une sortie par laquelle l'eau se décharge par l'éventeau ou vanne qui la retient. Un seul portier (le muscle sphinctère) ouvre cet éventeau par l'ordre du gouverneur, quand il est besoin de faire la décharge de ces eaux.

Il nous faut maintenant sortir de l'enclos du château pour entrer dans cette grande citadelle, afin de remarquer les clôtures qui enferment cette grande forte place, le corps de garde et les logements des capitaines et des soldats.

Trois clôtures l'une dans l'autre enferment cette divine place : la première (l'épiderme ou faux cuir) est faite de matériaux très durs; cependant, elle est facile à réparer quand elle est rompue ou abattue par quelque endroit; en dehors de laquelle clôture sont plusieurs endroits remplis de marais humides, dans lesquels il croît grande abondance de joncs, de roseaux et autres herbes (l'humidité qui fait croître le poil au dehors du corps). La seconde clôture est de matériaux moins durs que la précédente (le vrai cuir), mais beaucoup plus épaisse, au dedans de laquelle sont des glaises et terres humides et froides (la graisse sous la peau). La troisième muraille (membrane commune) est moins forte que la seconde, mais très nécessaire pour la conservation des logements des soldats.

(Des veines sur les muscles.) Entre ces murailles sont plusieurs voies, et grands et petits chemins, que nous passerons sous silence pour ne nous embarrasser.

(Les muscles.) Au dedans de ces trois fortes murailles se trouvent les habitations et logements des capitaines et des soldats, lesquels logements servent de corps de garde, dont les deux plus grands corps de garde (les muscles pectoraux) sont placés, l'un d'un côté, l'autre de l'autre, un peu plus bas de la grande porte du palais dont nous avons parlé au commencement de ce discours. Ces deux corps de garde sont remplis d'un grand nombre de soldats pour la garde de ce quartier-là. Les autres logements et corps de garde sont ensuite, tout alentour de cette grande et forte place (muscles des bras et des jambes); mais ils sont beaucoup plus près à près dans les parties avancées que dans celles qui sont retirées.

Les capitaines et soldats (les tendons des muscles sont les capitaines et les fibres sont les soldats), sont toujours en état pour se défendre contre leurs ennemis, pourvu que le lieutenant-général leur porte l'ordre du gouverneur. Alors les capitaines et les soldats combattent généreusement chacun dans son quartier; cependant ils ont une si grande union et amitié qu'ils se soulagent et se supportent tous ensemble avec un accord admirable.

On n'a pu encore savoir le nombre des soldats à cause qu'ils sont en trop grande quantité (on ne sait pas le nombre des fibres qui sont dans les muscles); pour leurs logements, il s'en trouve environ quatre cent cinq, tant dans la place que dans le château (quatre cent cinq muscles servent au corps humain). Il y a de tels capitaines qui auront chacun plus de cinq à six cents soldats sous leur conduite, et d'autres beaucoup plus ou moins. Nous en parlerons plus amplement par un discours que nous avons fait exprès, d'autant que c'est une des principales parties de nos études que de bien connaître les proportions et mesures de ces divines habitations. Il nous est très nécessaire non seulement de les nommer et les connaître par leurs propres noms, mais il nous les faut aussi converser familièrement dans leurs habitations, afin d'apprendre d'eux-mêmes les vérités de l'obligation qu'ils ont pour bien et ponctuellement faire l'exercice de leurs charges.

CONFÉRENCE DU 6ᵉ JOUR D'AOÛT 1672

SUR L'ANATOMIE POUR BIEN CONNAÎTRE LES MOUVEMENTS ET REPOS DES MUSCLES

PAR M. ANGUIER

Il est très nécessaire à ceux qui veulent se rendre habiles aux arts de la sculpture et de la peinture de bien connaître les mouvements et le repos des muscles du corps humain, d'autant que ceux qui ont ignoré cette étude n'ont jamais été que des copistes mal entendus dans leurs ouvrages; au contraire ceux qui l'ont beaucoup pratiquée se sont acquis une grande facilité dans leurs dessins et dans l'exécution de leurs ouvrages. Car bien que la peau et la membrane qui couvre les muscles fassent paraître à l'extérieur du corps une belle et agréable union en toutes ses parties, et qu'il semble aux peu studieux qu'il est facile de la représenter, cependant les savants y voient une infinité de choses délicates qui échappent aux yeux des autres.

Ils y voient des distances, des largeurs et longueurs, et des profondeurs que les grands et les petits muscles forment diversement dans la diversité des mouvements que produisent les diverses agitations du corps humain, qu'ils ne connaissent que par l'usage qu'ils ont acquis dans l'étude qu'ils ont faite exactement en l'anatomie du corps humain.

Des os

Et parce que les os sont la base et le fondement de tous les mouvements et du repos du corps, nous commencerons ce discours par les os, puisque ce sont eux qui soutiennent la proportion de tout le corps en soutenant et appuyant les muscles partout. Mais, pour abréger ce discours des os, n'étant pas nécessaire, ce me semble, d'en parler avec tant d'exactitude que demande l'anatomie, nous nous contenterons de mettre la tête pour deux os, savoir le crâne pour un os et les mâchoires pour un autre, à cause qu'elles se démontrent d'elles-mêmes.

L'épine a quatre parties : le col, le dos, les lombes et l'os sacrum. Il y a sept vertèbres au col et douze au dos, cinq aux lombes et six à l'os sacrum, la pointe duquel est appelée coccyx ou croupion, qui en a quatre, lesquelles sont en tout trente-quatre.

Douze côtes sont de chaque côté, sept vraies et cinq fausses, auxquelles le sternon est attaché par devant, les clavicules par en haut et les omoplates par derrière.

L'os ilion a trois parties, des flancs, de la hanche et du pénil[1].

La cuisse n'a qu'un seul os, le grand troquanter; la jambe en a deux : le péronné et le tibia, la rotule. Le pied a trois parties, savoir le pédion, le métapédion et les orteils; sept os au pédion, cinq au métapédion et quatorze aux orteils.

La première partie du bras n'a qu'un os : l'humérus, la seconde de deux os, le coude et le rayon. La main se sépare en trois, le carpe, métacarpe et doigts. Les os du carpe sont huit, quatre au métacarpe et quinze pour les doigts.

Voici donc la composition des os du squelette; voyons les ligaments.

Ce qu'on appelle épiphise est une partie ajoutée sous l'os, comme s'il avait été trop court. Ce qu'on appelle apophise, ce sont les parties des os qui sortent en dehors et qui font des bosses ou des pointes en dehors. Telles apophises servent de défense aux principales parties des os; même c'est en cet endroit que s'attachent les tendons et les muscles.

---

1. Le manuscrit est couvert de ratures qui constituent autant de corrections postérieures à 1672. Quand on voulut relire le discours à l'Académie, il est probable que le secrétaire, afin de n'avoir pas à le recopier, fit sur le texte primitif les corrections qu'il jugea utiles, ou peut-être qu'ordonna la Compagnie. Je m'en suis tenu à la version du xviie siècle, plus simple et plus naïve. J'ai même conservé l'orthographe exacte des mots techniques, ainsi que les incorrections grammaticales parfois invraisemblables.

Des cartilages et ligaments

Toutes les jointures sont attachées par des cartilages et ligaments qui articulent et lient les têtes des os et les tiennent enclavées l'une dans l'autre, et tiennent toute la masse du corps uni ensemble sans empêcher le mouvement des jointures, d'autant qu'ils sont humides et souples. Les membranes les fortifient aussi par l'union qu'ils ont ensemble; mais comme ces parties ne se connaissent que fort peu dans nos figures, je ne veux point embarrasser mes écoliers dans cette étude.

Des nerfs

Les nerfs qui s'étendent par tout le corps pour tenir les parties de se disjoindre, et pour porter l'esprit et le mouvement par tous les muscles, prennent leur naissance dans le cerveau et dans la moëlle de l'épine du dos, laquelle moëlle provient aussi du cerveau. Or le nerf est auteur du sentiment, d'autant qu'il porte le commandement de la faculté sentive; aussi a-t-il le mouvement volontaire par l'influence de la faculté et de l'esprit animal. On remarque trois parties au mouvement : le cerveau, le nerf et les muscles; le cerveau commande, le nerf porte le commandement, et le muscle obéit.

Des muscles

Après avoir examiné légèrement et en passant les études précédentes, il nous faut regarder de plus près la liaison et assemblage des muscles de tout le corps humain, afin de les mettre plus facilement en pratique. Il est difficile à une personne de bien parler d'un sujet qu'elle ne connaît point ou que fort peu ; aussi est-il difficile de bien imiter le dehors à qui ne connaît le dedans, puisque ce sont les parties du dedans qui donnent la forme au dehors. Ce sujet ici doit être toujours devant nos yeux pour nous imprimer dans la mémoire une parfaite connaissance des muscles. Car tous les muscles n'aboutissent en tendons : il n'y a que ceux qui servent pour mouvoir les os ; les autres se meuvent eux-mêmes ou quelque autre chose ; le corps du muscle meut le premier, comme premier moteur, tire les tendons, puis les parties du sujet du mouvement.

Des muscles de la tête

Nous commencerons par la tête, dont la peau est difficile à se séparer d'avec les muscles, à cause qu'elle est fibreuse et nerveuse et adhérente aux muscles ; c'est la cause pour quoi on reconnaît par le visage tant de variété.

Des muscles du front et des sourcils

Le front est mobile à cause qu'il fait ouvrir et fermer les yeux ; il a deux muscles pour ce mouvement qui viennent de la partie d'en haut du front, lèvent le front et les sourcils. Il y a deux fibres au milieu du front, peu distant l'un de l'autre, qui font connaître la colère et autres passions, car ils serrent et font froncer la peau au milieu du front.

Des muscles des paupières et des yeux

Les couvertures des yeux qu'on appelle paupières, celle d'en bas est immobile et celle d'en haut est mobile, se hausse et se baisse par le moyen d'un muscle qui naît de la partie intérieure de l'orbite et s'attache au bord de la paupière. Deux muscles ferment la paupière ; l'un, naissant de l'angle intérieur, environne tout le cil comme un serrail de bourse, l'autre prend naissance à la racine du nez et s'attache aussi au bord de la paupière.

Des muscles du nez

Il y a deux muscles qui dilatent le nez, un de chaque côté, lesquels naissent du front et s'élargissent vers les ailerons du nez en forme de triangle ; deux autres ferment les narines, joints avec les muscles des lèvres ; de là vient que quand nous voulons tirer quelque chose par les narines, nous serrons la lèvre d'en haut.

Des muscles des lèvres

La peau et les muscles des lèvres sont entièrement unis ensemble pour mouvoir avec plus de liberté ; deux muscles qui naissent de la pommette descendent obliquement et s'insèrent dans les côtés de la lèvre supérieure ; deux autres la meuvent en bas, qui vont du menton en la même lèvre. La lèvre inférieure se meut en haut par deux muscles qui, naissant de la pommette, descendent à ladite lèvre ; deux le (*sic*) meuvent en bas qui viennent du menton.

Des muscles des mâchoires

La mâchoire d'en bas est tirée par quatres muscles, deux de chaque côté ; l'un vient du temple et l'autre caché dans la bouche ; celui qui naît du temple passe sous l'os jugal, s'insère par un tendon à la couronne de la mâchoire d'en bas ; les deux dedans et cachés dans la bouche ferment la mâchoire d'en bas ; et pour faire aller les mâchoires des deux côtés, il y a deux muscles, un de chaque côté ; ceux-ci servent pour mâcher ; ils semblent avoir deux têtes : l'une vient de la pommette et va au bas de l'angle de la mâchoire, et l'autre va de l'os jugal vers le menton.

Des muscles des oreilles

Les oreilles de l'homme ne se meuvent point comme celles des bêtes; le peu de mouvement qu'elles ont se fait par trois muscles pour chacune oreille; mais, comme c'est en partie la peau qui les conduit, il n'est pas besoin de nous arrêter en telles bagatelles.

Des muscles qui font mouvoir la tête

La tête est soutenue sur les vertèbres du col, dont la première et seconde servent au mouvement, et quatorze muscles qui la font hausser et baisser, tourner deçà et delà. Les deux muscles nommés mastoïdes servent pour abaisser; ils naissent des parties du haut du sternon et des têtes des clavicules, et s'en vont passer obliquement derrière les oreilles aux épiphises mammilaires de l'occiput; ils se séparent en trois par la partie d'en bas, afin de tenir plus ferme le sternon et les clavicules. Le col est presque tout couvert de muscles; il y a huit extenseurs, quatre grands et quatre petits; d'entre les grands les deux premiers s'appellent splénitiques, qui forment le derrière du col qu'on appelle nuque; les deux autres sont appelés composés; d'autant qu'ils sont cachés sous le trapèze, nous n'en parlerons pas davantage.

Des muscles qui meuvent le col

Les muscles qui meuvent le col sont les deux longs et les deux scalènes; mais d'autant qu'ils sont cachés ou qu'il n'y a que quelque petite partie qui se voie, c'est pourquoi il faudra avoir recours aux anatomies moulées sur le naturel, comme nous dirons en son lieu.

Des muscles qui font mouvoir les épaules

Les deux angles du trapèze, l'omoplate avec la tête de la clavicule, tiennent l'épaule. Ce grand trapèze est admirable par sa grandeur, par sa forme, et pour le service qu'il rend; car c'est ce muscle qui soulage et conserve les autres qui sont dessous des pesantes charges que l'homme porte sur son dos et sur ses épaules. Il commence au derrière de la tête, forme la largeur du col par derrière, couvre les épaules, puis, descendant en pointe jusqu'à la partie d'en bas des vertèbres du dos, ce grand muscle s'insère aux épines de la nuque, en toute l'épine de l'omoplate et au milieu presque de la base d'icelle; ce muscle fait divers mouvements à cause de ses divers principes et ses divers fibres. C'est ce muscle qui meut l'épaule en arrière, en haut et en bas; le petit dentelé tire le bras en devant, le romboïde le tire en derrière.

Des muscles du bras

Le bras a une liberté facile à cause qu'il n'est porté sur aucun os, seulement la tête de l'os du bras articulée et soutenue par des ligaments dans la boîte de l'omoplate, et appuyée par la partie supérieure d'icelle et par la tête extérieure de la clavicule. Le bras prend son mouvement par huit muscles ; deux lèvent en haut : le deltoïde et le soupraspineux. Le deltoïde prend naissance à la moitié de la clavicule et à l'épine de l'omoplate et de l'acromion, lequel s'attache par un fort tendon au milieu du bras ; l'autre sort de la cavité qui est au-dessus de l'épine de l'omoplate, s'attache au col du bras. Le très large et le grand rond l'abaissent ; le grand et fort muscle pectoral le meut en devant, et par les variétés de ses fibres il hausse et baisse le bras ; ce muscle commence aux clavicules, puis au sternon, couvre jusqu'à la huitième côte ; il s'insère par un fort tendon redoublé en l'os du bras, entre le deltoïde et le biceps, et forme la cavité de l'aisselle. Trois muscles le meuvent en arrière : le sous-épineux, le petit rond et le sous-scapulaire, lesquels naissent de la cavité qui est au-dessous de l'épine de l'omoplate, s'attachent à la tête et au col de l'os du bras ; le petit rond est porté aussi au col du bras ; le sous-scapulaire naissant de toute la cavité de l'omoplate et la remplissant de sa chair s'attache par un tendon à la tête et au col du bras. Ce sont les trois muscles qui font faire le demi-cercle au bras; et par l'aide des autres muscles il fait le cercle entier.

Des muscles du coude

Les muscles du coude sont quatre : deux fléchisseurs et deux extenseurs. Les fléchisseurs sont le biceps et brachial. Le biceps a deux têtes : l'une vient de la boîte de l'omoplate, l'autre prend son origine à la couronne qui est-dessus de la tête extérieure de la clavicule, lequel muscle s'étendant le long de l'os s'attache dans le creux du coude au commencement du rayon. La longueur fait un peu d'enfoncement par le milieu : c'est d'autant qu'il est attaché à l'os par le milieu en cet endroit. Le brachial est serré contre son compagnon et contre l'os, et s'attache aussi au dedans du coude. Il y deux autres muscles qui étendent le coude : le long et le court. Le long sort de l'omoplate et le court de la partie d'en haut du col de l'os, s'unissant ensemble de façon qu'ils ne se peuvent séparer; ils s'insèrent par un même tendon nerveux à l'olecrâne ou sur le coude.

Des muscles du rayon

Quatre muscles font mouvoir le rayon : deux promoteurs et deux supinateurs; l'un des premiers est appelé rond, lequel naissant de l'apophise interne du bras, l'autre carré, lequel vient de la partie inférieure du coude aboutit au bas du rayon. Des supinateurs le premier et le plus long s'insère de la partie inférieure du bras en la partie inférieure du rayon, l'autre est porté de l'apophise externe du bras quasi au milieu du rayon, il s'avance obliquement d'autant que son mouvement est oblique.

Des muscles du poignet

Le poignet se meut de tous les côtés et en rondeur ; les muscles fléchisseurs sont deux, tous deux internes, l'un prend son origine à l'apophise interne du bras, est tendu sur l'os du coude, s'insère au quatrième os du carpe ; l'autre supérieur issu de la même apophise se termine aux premiers os du métacarpe. Il y a aussi deux extenseurs externes ; le premier prend sa naissance de l'apophise externe du bras, se tend sur le rayon, se termine en un tendon fourchu ; une partie s'attache au premier os du métacarpe, et l'autre partie au deuxième ; le second muscle sort du même endroit, se termine en un seul tendon au quatrième os du métacarpe qui est sous le petit doigt. Ces mêmes muscles meuvent le poignet en rond et d'un côté et d'autre.

Des muscles des doigts

Les muscles qui fléchissent les quatre doigts sont trois, le palmaire, le sublime et le profond : le palmaire issu par un principe pointu et nerveux de l'apophise interne du bras, devenant aussitôt charneux, rond et petit, s'avance premièrement en un tendon étroit et long, lequel situé au-dessous de quasi tous les muscles internes de la main, et ayant passé par-dessus les ligaments internes du carpe, répand un tendon large, mais fort mince, en dessous de toute la peau du dedans de la main jusqu'à la première jointure des doigts, et s'étend dans quasi toute la palme de la main. Le sublime sort de l'apophise interne du bras avant que venir au carpe, produit quatre tendons comme quatre liens, lesquels s'assemblant et étant serrés par l'anneau du poignet, ils s'insèrent en la seconde articulation des quatre doigts. Le profond couché sous le précédent, sorti de la même apophise, se divise premièrement en quatre tendons, lesquels attachés par des ligaments à la première et deuxième articulation des os des quatre doigts s'insèrent finalement en la troisième. Or, pour faire passage à un muscle profond pour se rendre à la troisième articulation, Nature, par un artifice admirable, a troué les quatre tendons du muscle sublime.

Les muscles qui étendent les doigts sont plusieurs qu'on ne compte que pour un qu'on appelle extenseur des doigts ; il prend naissance dessous l'apophise externe du bras, étant attachés ensemble par le ligament du carpe, s'insère en la deuxième et troisième jointure ; ces muscles ici sont larges et minces ; c'est pourquoi on fait les doigts carrés aux personnes âgées. Il y a plusieurs autres petits muscles pour élargir et serrer les doigts ; je les laisse pour ne nous point embarrasser.

Des muscles du pouce

Le pouce a des muscles particuliers ; il est fléchi par un seul muscle qui, ayant pris naissance presque de la partie supérieure du rayon, s'insère à la dernière jointure ; il est étendu par deux muscles naissant tous deux du coude ; le premier s'insère par un seul tendon en la troisième jointure, et le dernier se termine par un tendon fourchu en diverses parties du pouce. Il y a trois muscles qui l'amènent, le premier de l'os du carpe qui soutient le doigt du milieu étant charnu et quelque peu élevé, mais par un tendon s'insère un peu plus en dedans qu'en dehors au côté du pouce qui regarde le premier doigt ; le second, naissant quasi d'un même endroit, s'insère au deuxième os du pouce ; le troisième, sorti de l'os du carpe qui est vis-à-vis du doigt du milieu, est porté obliquement au deuxième article du pouce.

Des muscles de la respiration

Pour la respiration on compte soixante et quatre muscles et le diaphragme : trente-deux font la dilatation, et pareil nombre qui font le contraire. Nous ne parlerons que de ceux qui sont utiles pour nos études, d'autant que ceux qui sont recouverts nous sont inutiles, et ceux dedans le corps ne feraient que nous embarrasser. Le premier de ceux qui font la dilatation appelé sous-clavier (à cause qu'il prend naissance en bas de la clavicule) s'insère obliquement au-devant de la première côte; le deuxième nommé de sa forme grand dentelé sort de la base intérieure de l'omoplate, s'insère en manière de scie dentelée aux six et sept côtes supérieures, où il s'attache en façon de doigt avec l'oblique extérieur de l'épigastre; le troisième est étroitement attaché à toutes les côtes supérieures; les quatre et cinquième sont les deux dentelés postérieurs : le premier est situé sous le romboïde, prend son origine des trois épines intérieures de la nuque et de la première du dos, s'insère obliquement, étant fendu en trois, aux trois côtes supérieures. Nous laisserons les autres muscles qui servent pour serrer les côtes, pour prendre les trois muscles de l'épigastre, l'oblique interne, le droit et le transversal.

Des muscles de l'épigastre

Comme les muscles de l'épigastre servent à la respiration, il est nécessaire d'en faire ici la démonstration afin de faciliter la partie qu'ils occupent. Or ces muscles sont huit, quatre de chaque côté, pareils en figure, grandeur, force et action, desquels quatre sont obliques, deux droits et deux qui traversent. Les deux de dessus sont les deux obliques; ils naissent de la partie supérieure de l'os du pénil et des îles, comme aussi des apophises transverses des lombes ; puis, montant en haut, ils s'attachent par leurs parties charneuses à toutes les fausses côtes, et à la huit, sept et sixième vraie, étant entrelacés au grand dentelé et par leurs parties nerveuses et par un tendon très large ; ils se terminent à la ligne blanche : c'est cette séparation dans le milieu de l'épigastre du bas du sternon descendant au pénil. Dessous ces deux ici, il y en a deux autres qu'on appelle obliques internes, lesquels leurs fibres sont entrecoupés en forme de croix bourguignonne à ceux de dessus ; ils naissent de l'apophise des os des iles et des apophises transverses des lombes, d'ici montant obliquement jusques aux quatre fausses côtes inférieures, puis, par un tendon fendu embrassant le muscle droit, ils se terminent à la ligne blanche. Or ce tendon fourchu sert à fortifier le muscle droit et à le tenir ferme en sa place, afin qu'il ne sorte trop en dehors, comme on reconnaît par les deux parties concaves au-dessus du nombril. Les deux muscles droits prennent leurs origines de la partie intérieure de l'os pubis, et, montant jusqu'au bas du sternon, ces muscles ont des fibres droits et coupés en plusieurs parties, et liés par endroit par des petits nerfs qui les fortifient[1]. Au-dessous de tous ces muscles sont les deux transversaux, ainsi dits parce qu'ils sont situés transversalement en l'épigastre et que leurs fibres sont transversales ; ils naissent des apophises transverses des lombes et des os des îles et du pénil, et s'insèrent aux fausses côtes et à la ligne blanche ; les tendons des muscles transversaux et ceux des quatre obliques sont troués au nombril à cause des vaisseaux ombilicaux, et au pénil à cause des vaisseaux spermatiques. Tous ces muscles sont naturellement si bien liés qu'ils semblent un bandage fait avec une grande industrie pour servir de défense aux parties contenues ; tous ces muscles sont contraires aux autres qui sont droits quand ils se reposent et courbes quand ils agissent ; au contraire ceux de l'épigastre, quand ils se reposent, sont courbes en dehors, et quand ils agissent sont courbes en dedans.

Des muscles du dos

Par le dos nous entendons quasi toute l'épine, laquelle fait des mouvements de plusieurs sortes, en devant, en derrière et vers les côtés, et ce, par le moyen de dix muscles : les deux premiers sortis

---

1. Les mots suivants qui me semblent obscurs ont été raturés postérieurement à 1672 : « leur faible longueur, en formant la rondeur de l'épigastre ».

par un principe charnu et large de la cavité supérieure et postérieure de l'os des iles et de la partie supérieure et intérieure de l'os sacrum, montant par-dessus les vertèbres des lombes et attachés à leurs apophises transverses, se terminent en la côte inférieure et dernière. Si ces deux muscles agissent ensemblement, ils fléchissent les lombes et le dos en devant ; mais s'il n'y en a qu'un qui agit, il les meut vers le côté. Les deux autres, les plus longs de tous, sortis du dos, des os sacrum, des iles, des épines, et des vertèbres des lombes, sont portés à toutes les apophises transverses des vertèbres du dos, aux épines du dos et de la nuque, à la tête ; ils fléchissent tout le col et le dos en arrière. Les cinq et sixième naissent de toutes les apophises transverses des lombes, produisent plusieurs cordes et tendons par lesquels ils s'insèrent en toutes les vertèbres des lombes et du dos par diverses insertions, l'une externe, l'autre interne, l'une aux apophises transverses et l'autre aux épines. Les sept et huitième naissant des apophises transverses de la première, seconde et troisième vertèbre du dos, sont portés aux apophises transverses de quasi toutes les vertèbres du col. Les deux derniers issus des épines des vertèbres du dos s'implantent en quasi toutes les épines du col ; ces deux-ci, avec les supérieurs du dos et du col, fléchissent l'épine en arrière sans mouvoir les lombes.

Des muscles de la cuisse

La cuisse est fléchie, étendue et avancée, retirée et tournée en rond. Les muscles qui la fléchissent sont deux : le premier[1] dans l'abdomen ayant pris son origine des vertèbres inférieures des lombes s'en vont s'attacher par devant par un fort tendon au petit troquanter ; c'est sur ces muscles que sont couchés les rognons ; le deuxième nommé iliaque, naissant de toute la cavité interne de l'os ilion, s'attache au même petit troquanter. Il y en a trois qui l'étendent, nommés les fessiers, le grand, le moyen et le petit ; le grand, quasi-semicirculaire, le plus extérieur et ample de tous, ayant pris sa naissance du coccyx, de l'os sacrum et de la côte supérieure de l'os ilion, descendant obliquement en bas, se termine en la cuisse, un palme au-dessous du grand troquanter ; le second moyen, et en situation et en grandeur, de la partie intérieure de la côte de l'os ilion se va insérer à la superficie et couronne externe du grand troquanter; le petit, sorti de la même face de l'os ilion, mais un peu plus en dedans, est porté à la partie antérieure de la couronne du grand troquanter. Il y en a pareillement trois qui l'amènent et tournent en rond en dedans que l'on ne compte que pour un : c'est

---

1. La fin de la phrase exigerait : les premiers.

le triceps, c'est-à-dire ayant trois têtes: les trois prennent leurs origines des os pubis, dont le premier se va insérer à la ligne de l'os de la cuisse, un peu au-dessous du mitan dudit os; le second s'implante au-dessous du petit troquanter; le troisième est porté à la racine du petit troquanter. Ceux qui l'amènent et tournent en rond sont six : les quatre gémeaux et les deux obturateurs; les quatre gémeaux, du tout semblables les uns aux autres, commencent à l'os ischion et s'insèrent au grand troquanter; les deux obturateurs remplissent le trou qui est en l'os pubis; l'un est en dedans et l'autre en dehors; le premier va finir à la cavité du grand troquanter, le second se réfléchit en dehors par-dessus la hanche en forme de poulie, et s'attache par un seul tendon à la racine du grand troquanter.

Des muscles de la jambe

Les mouvements de la jambe sont semblables à ceux de la cuisse; car elle est fléchie, étendue, amenée et emmenée. Les muscles qui la fléchissent sont quatre, nommés postérieurs, desquels trois naissent de la tubérosité de l'ischion, deux internes et un externe; le premier des internes est nommé demi-nerveux et le second grêle. Le quatrième a deux têtes, desquelles l'une naît de la commissure de l'os pubis, et l'autre de la partie extérieure de l'os de la cuisse, et s'insère par un seul tendon en la partie postérieure de la jambe, laquelle il fléchit et l'amène en dedans. Ceux qui l'étendent sont en pareil nombre : le droit, les deux vastes et le crural. Le droit naît de l'épine externe et intérieure de l'os ilion, les deux vastes (qui sont ainsi nommés à cause de leur masse et grandeur) d'iceux ; l'externe naît de toute la racine du grand troquanter et de l'os de la cuisse qui est au dessous, et l'interne du petit troquanter et de l'os de la cuisse qui est sous icelui ; le crural est attaché à l'os de la cuisse comme le brachial à l'os du bras. Ces quatre muscles ici se terminent en un seul tendon, lequel, ayant embrassé la rotule, s'implante au large de la partie inférieure du haut de l'os de la jambe et serre au genou par cette partie de ligament ; ceux qui l'amènent en dedans en la fléchissant par un même (*sic*) sont deux : le long, ou grande lizière, et le poplité. Le long est le plus long de tous les muscles, né de l'épine de l'os ilion, descend obliquement en la partie interne et antérieure de la jambe ; le poplité, sorti de la partie intérieure et extérieure du condyle externe de l'os de la cuisse, s'insère en la partie interne de la jambe et est carré ; elle est emmenée par un muscle nommé membraneux et bande large ; il naît par un principe charneux de l'épine de l'os ilion, et est porté obliquement en la partie externe de l'os de la jambe ;

il couvre par son large tendon quasi tous les muscles de la cuisse et descend jusqu'au bout du pied.

Des muscles du pied

Le pied est fléchi et étendu ; il est fléchi par deux muscles nommés le jambier antérieur et l'esperonnier. Le jambier antérieur, attaché à l'os de la jambe, ayant pris naissance de l'apophise dudit os de la jambe, s'insère par un tendon unique, mais sur la fin fourchu, en l'os du pédion qui est au-devant du gros orteil. L'esperonnier a deux têtes : par l'une d'icelles il naît de l'épiphise du péroné, et fait un tendon double, duquel la plus grande portion, portée obliquement sous la plante du pied, s'insère en l'os du pédion qui est vis-à-vis du pouce ; et la moindre est portée à l'os du petit doigt. Ceux qui l'étendent sont quatre : deux gémeaux, le solaire et le plantaire. Des gémeaux l'interne naît du condyle interne de l'os de la cuisse, et l'externe du condyle externe ; le solaire caché sous le précédent et plus large prend naissance de la commissure de l'os de la jambe et du péroné. Ces trois muscles se terminent en un seul tendon, et iceluy très gros et très fort qui s'insère au commencement du talon. Le dernier, c'est le plantaire qui répond au palmaire de la main. Il est grêle et dégénéré en un fort long tendon, lequel s'élargit près de l'os de l'astragale ou noix, et, passant par les côtés du talon, se perd en la peau de toute la plante du pied.

Des muscles des orteils

Les doigts du pied, aussi bien que de la main, sont fléchis, étendus, amenés et emmenés. Ils sont fléchis par deux muscles, le grand et le petit. Le grand répond au profond; il naît de l'épiphise supérieure de l'os de la jambe, et, parvenu sous la plante du pied, il se fend en quatre tendons, lesquels perçant les petits s'en vont insérer en la troisième articulation des quatre doigts. Le petit répondant au sublime, situé au milieu de la plante du pied, ayant pris naissance de la partie inférieure du talon, est porté par ses quatre tendons troués au deuxième article des quatre doigts. Ils sont étendus par un seul muscle naissant de la partie supérieure et externe de l'os de la jambe qui se divise en quatre tendons. Il y en a encore un autre moindre, caché sous le précédent, lequel étend les doigts, mais obliquement; il naît tout charneux de la partie supérieure du tarse, et se termine incontinent en quatre tendons, et s'insère aux quatre doigts, et n'envoie pas de tendons au petit doigt. Les quatre lombricaux amènent les doigts; ils naissent des tendons du muscle grand ou fléchisseur des doigts. Ceux qui les emmènent sont les huit inter-osseux, lesquels, naissant des os du tarse et remplissant les espaces du métacarpe, servent aussi à la flexion. Le pouce a des muscles particuliers fléchisseurs, extenseurs, ameneurs et emmeneurs; il est fléchi par un naissant de l'os de la jambe; il est étendu par un autre sortant du milieu du péroné, lequel se divise en deux tendons ; il est amené par le moyen d'un muscle étendu par dedans sur le plus grand os du tarse; il est emmené par un autre, lequel, naissant par un principe charneux de la partie interne du talon, s'insère au premier os du pouce; le petit doigt aussi, un adducteur naissant du talon, tellement que ces adducteurs ici répondent au ténar et à l'hypoténar.

CONFÉRENCE DU 3ᵉ SEPTEMBRE 1672[1]

SUR UNE MÉTHODE PARTICULIÈRE QU'IL FAUT TENIR POUR FAIRE UNE FIGURE ANATOMIQUE DE SCULPTURE ET COMME IL CONVIENT S'EN SERVIR POUR LA FACILITÉ DU DESSIN

PAR M. ANGUIER

Nous avons suffisamment fait entendre par le discours récité en votre présence, Messieurs, sur les muscles externes du corps humain : maintenant il nous faut trouver la facilité de les mettre en œuvre selon l'art de la sculpture, et en faire une figure anatomique digne d'une école royale comme celle-ci.

Premièrement, nous prendrons un squelette naturel de la plus grande et forte proportion qui se pourra trouver. Or, d'autant que les os sont raccourcis, et que leurs têtes sont diminuées de leurs grosseurs par la sicité (*sic*) des cartilages qui font une épaisseur lissée et polie dans les jointures, et qui servent pour l'agilité du mouvement, toutes ces diminutions causées par la sécheresse apetissent

---

1. Le 2 du manuscrit est mal fait, et on l'a pris pour un 0; mais il y a une barre à la droite du prétendu 0 qui indique suffisamment que le chiffre est un 2.

le squelette; c'est pourquoi il semblera être petit, quoi qu'il soit d'un grand homme. Pour aider à ce défaut, nous ajouterons adroitement dans chacune jointure des vertèbres de l'épine du dos, et dans les jointures des autres mouvements, chacun un morceau de cuir mollet, en sorte qu'ils ne m'empêcheront point de donner au squelette telle attitude qui sera besoin.

Nous poserons le modèle de l'Académie dans l'action que nous voudrons donner à notre figure anatomique, puis nous mettrons notre squelette en la même attitude, en arrêtant toutes les jointures et mouvements, afin de pouvoir travailler dessus; cependant nous laisserons un peu de mouvement en quelque partie que nous jugerons être nécessaire pour fléchir et ouvrir, et pour conserver le centre du mouvement et les proportions et mesures en toutes les parties.

Ceci fait, il faut avoir un corps naturel et écorché, le poser dans la même attitude du squelette, et le couvrir partout également et légèrement d'une épaisseur de plâtre pour en tirer un moule d'une seule pièce, si ce peut, pour par après être coupé et ouvert par les endroits faciles à se dépouiller, et aussi pour remettre les pièces dudit moule facilement ensemble et en leurs places, pour en couler deux ou trois dedans; on pourra aussi, sur la même anatomie naturelle, mouler plusieurs parties d'actions contraires à la précédente, comme des bras de plusieurs postures, des épaules avec l'omoplate et le pectoral, d'autant que lesdits muscles servent pour le mouvement de l'épaule, des genoux de plusieurs actions, et d'autres parties que nous trouverons être nécessaires pour l'étude de l'anatomie. Or d'autant que les muscles morts et refroidis ne pourront pas agir comme s'ils étaient vivants et remplis de chaleur naturelle, c'est pourquoi nous serons obligés de nous servir du modèle naturel pour connaître les défauts de ceux-ci.

Maintenant que nous avons nos figures moulées et notre squelette bien placé dans l'attitude convenable, et notre cire bien préparée, il nous faut servir du discours que nous avons fait sur les mouvements et repos des muscles[1], pour facilement trouver leurs principes et leurs insertions, afin de les bien placer sur le squelette en toutes les parties du corps, comme nous avons dit.

Quand tous les muscles seront mis ensemble sur les anatomies moulées, nous ferons une revue générale sur le tout ensemble et sur chacune partie en particulier, sur le modèle vivant, pour donner la vie aux muscles par leurs contours naturels et par les touches animées et mouvantes que l'on voit sur le naturel.

1. Ce discours est évidemment celui qui porte la date du 6 août 1672 et que nous donnons immédiatement avant celui-ci.

Cette figure anatomique se fera de cire bien préparée, comme nous avons dit, afin de pouvoir travailler en divers temps et à plusieurs reprises, d'autant que cette étude sera beaucoup atédiante (sic) et difficile, quelque peu de relâche que fera l'ouvrier remettra son esprit en sa première assiette, et d'un sang rassis il regardera si la proportion et l'action est exacte par toutes les parties, si les contours sont gracieux de toutes les vues, si les muscles sont en leur juste place, si l'esprit et la vie est bien représentée dans le général et dans le particulier. Toutes ces recherches ici ne se peuvent faire qu'avec beaucoup de temps et d'assiduité.

En tel ouvrage difficile et important, il faut avoir recours aux savants sculpteurs antiques, lesquels nous font voir, par leurs plus belles figures, l'anatomie couverte d'une peau si délicate qu'il semble voir les muscles découverts, ainsi comme au Laocoon, au grand Faune, au Gladiateur et aux autres figures qui se trouveront être de service, afin que par l'étude de telles figures antiques accompagnées du naturel vivant, et du conseil de l'Académie et des amis particuliers, on ne se laisse point tomber dans le faible dessin des muscles morts.

Cette revue étant faite partout également sur les figures antiques, sur les anatomies moulées et sur le naturel vivant, et toutes les proportions bien exactes par toutes les parties, tant grandes que petites, il faut commencer à finir en conservant la vivacité naturelle par les touches qui auront été données auparavant.

Celui qui fera cette figure, étant habile homme, il laissera une œuvre nécessaire aux étudiants de plusieurs et différents exercices, et une mémoire qu'on aura de sa vertu à la postérité

Ceux qui se serviront de cette figure pour fortifier leurs études la doivent examiner partout avec autant de soin que celui qui l'a faite, s'ils la veulent bien entendre et en tirer le suc de l'étude : ainsi comme les racines des plantes tirent la substance de la terre, de laquelle elles se nourrissent, de même doivent faire les studieux de l'anatomie, ce qui leur donnera de grandes facilités en les retirant de beaucoup de doutes; ils pourront toucher ferme et sans crainte dans les parties les plus délicates et difficiles, ils conduiront la main avec facilité dans les lieux enfoncés et sur les muscles relevés, et ils observeront dans cette conduite plusieurs délicatesses (que les Italiens appellent gentillesses), d'autant qu'ils auront dans la mémoire tout ce qui est caché sous la peau.

Cependant il ne faut pas se servir de l'anatomie comme plusieurs ont fait, qui, pour faire de trop petites recherches, leurs œuvres se sont trouvées sèches et désagréables. C'est pourquoi il faut conserver les grandes parties en leurs longueurs et largeurs, afin qu'elles demeurent supérieures aux petites. Ainsi, comme les grands corps d'architecture reçoivent leurs grandeurs par la délicatesse des petits membres, de même en est-il pour la belle anatomie des muscles du corps humain. C'est ce qu'a très bien observé le studieux Michel-Ange en ses figures, d'autant qu'il leur a donné la grande proportion au tout ensemble; puis il a conservé les grands muscles dans leurs grandeurs, sans les interrompre par les touches expressives dont elles sont remplies, d'autant que lesdites touches ne sont pas profondes; ces grandes parties proviennent d'une grande épaisseur de chair, laquelle grossit et relève les muscles par les endroits les plus charnus, et qui réduisent les délicatesses par des douceurs imperceptibles. Cependant il ne faut pas que la grande proportion de la figure soit détruite par cette épaisseur de chair; il faut que les principes des muscles et les endroits où ils finissent soient déchargés; cette décharge de chair se rencontre aux apophises des os qui font les jointures plus libres pour le mouvement. Nous parlerons dans quelque temps sur ce sujet très important pour le beau dessin et pour la facilité du modèle fait sur les figures antiques, en représentant cette vérité sur trois figures différentes en leurs tempéraments.

CONFÉRENCE
DU PREMIER JOUR D'OCTOBRE 1672
DE L'ACTION DU MUSCLE ET DE SES PARTIES AGITÉES
PAR LE COMMANDEMENT DE LA VOLONTÉ
PAR M. ANGUIER

Après avoir fait entendre comme il faut faire de sculpture une figure anatomique, pour donner à nos élèves la connaissance des muscles du corps humain, il nous faut expliquer maintenant ce que c'est que muscles, afin de faire mieux comprendre leurs forces et leurs mouvements.

<small>e faut étudier ue le nécessaire.</small> Je ne m'arrêterai pas à vous faire une description exacte du muscle, telle que la font les anatomistes qui veulent que le muscle soit considéré ayant égard à sa composition ou ayant égard à son usage. Ils veulent que le muscle soit une partie dissemblable ou dissimilaire (comme ils disent) et organique, tissue de chair, de fibres, de nerfs, de veines et d'artères et de tuniques, qui toutes ensemble concourent à l'action du muscle lorsque la volonté lui commande d'agir; car le muscle lui est tellement soumis qu'il ne manque jamais de lui obéir

exactement, à moins qu'il ne survienne par accident quelque empêchement à ce mouvement volontaire.

Je vous ferai seulement remarquer en passant que tout le corps du muscle a trois parties dissemblables, le commencement, le milieu et la fin, ou, pour mieux dire, la tête, le ventre et la queue. La tête est la partie qui s'attache à l'os, d'où le muscle prend sa naissance ; le ventre est une chair fibreuse qui forme et qui remplit la partie moyenne du muscle, et la queue est le tendon qui va se terminer à la partie qu'il doit mouvoir. La chair fibreuse est la principale partie du muscle et le principal instrument qui fait le mouvement volontaire.

Les parties du muscle.

La volonté a son siège dans le cerveau. C'est une puissance de l'âme qui commande quand il lui plaît. Le cerveau a ses canaux pour porter en toutes les parties du corps les sentiments de cette volonté. Ces canaux sont les nerfs qui prennent leurs origines du cerveau ; ces nerfs s'insinuent dans les muscles, ils les font agir, ils les font remuer et les mettent en la posture que demande l'action à laquelle la volonté les destine ; les esprits qui viennent du cerveau par les nerfs dans toutes les parties du muscle sont les messagers de la volonté, et le muscle est si exact à obéir à cette illustre maîtresse qu'il ne manque jamais d'agir comme elle veut, et de s'animer pour se mettre en la pos-

Mouvement volontaire, qu c'est.

CONFÉRENCE
DU PREMIER JOUR D'OCTOBRE 1672
DE L'ACTION DU MUSCLE ET DE SES PARTIES AGITÉES
PAR LE COMMANDEMENT DE LA VOLONTÉ
PAR M. ANGUIER

Après avoir fait entendre comme il faut faire de sculpture une figure anatomique, pour donner à nos élèves la connaissance des muscles du corps humain, il nous faut expliquer maintenant ce que c'est que muscles, afin de faire mieux comprendre leurs forces et leurs mouvements.

e faut étudier
ue le néces-
aire.

Je ne m'arrêterai pas à vous faire une description exacte du muscle, telle que la font les anatomistes qui veulent que le muscle soit considéré ayant égard à sa composition ou ayant égard à son usage. Ils veulent que le muscle soit une partie dissemblable ou dissimilaire (comme ils disent) et organique, tissue de chair, de fibres, de nerfs, de veines et d'artères et de tuniques, qui toutes ensemble concourent à l'action du muscle lorsque la volonté lui commande d'agir; car le muscle lui est tellement soumis qu'il ne manque jamais de lui obéir

ture qu'elle demande ; tantôt elle lui commande de soutenir un choc violent comme celui d'un gladiateur ; tantôt elle lui commande de se modérer et de devenir humble et soumis à ses volontés ; et tantôt elle veut qu'il se repose des travaux qu'il a faits dans ses contentions et ses agitations, afin que ce repos le prépare à de nouveaux travaux quand elle voudra lui commander de les entreprendre. Mais comme un bon cheval de bataille a besoin d'aliments, et qu'il faut le bien nourrir pour résister dans les attaques d'un rude combat, il a fallu que la Providence de la nature, ou, pour mieux dire, de l'Auteur de la nature lui ait donné une artère pour lui fournir sa subsistance et une veine pour rapporter au cœur le superflu, afin d'y être nouvellement disposé pour une nouvelle provision qui se charrie toujours par l'artère, suivant la véritable doctrine qui se démontre par les connaissances acquises en ce siècle de la circulation ou mouvement circulaire du sang. Le muscle, outre la membrane propre qui le compose, est revêtu d'une membrane qui est commune à tous les muscles, principalement à tous ceux qui sont voisins de la peau ; car, lorsqu'on a levé la peau et les graisses, qu'on a bien tout nettoyé, on découvre cette membrane qui enveloppe tous les muscles qui sont à l'extérieur du corps ; et ce sont ceux-là principalement que nous considérons dans la sculpture, et dont l'action nous paraît même aux hommes nus, plus ou moins forte suivant les contours et les mouvements qui les agitent. Ainsi comme nous pouvons voir sur les lutteurs par les parties qui font plus grande force, comme les épaules, dont les muscles sont beaucoup plus ressentis que les autres parties moins forcées. Tel est aussi le Gladiateur dans toutes ses parties, d'autant que l'agitation est égale à cause de la volonté qu'il a de tuer et de se défendre ; cette volonté se reconnaît par l'air de son visage, par son action et par l'agitation des muscles de toutes les parties de son corps. Quoique l'Hercule Farnèse soit dans une action de se reposer, cependant les muscles de son corps ne laissent pas à beaucoup relever ; ceci provient de la fermeté de la chair qui remplit les membranes. Telles figures animées et dans une action vigoureuse nous font connaître quelle est la force des muscles ; et ceux-là d'ordinaire sont d'un tempérament chaud et sec, et ce sont les plus forts et les plus robustes pour endurer le travail; au contraire ceux qui ont la chair des muscles molle et par trop humide sont mols et efféminés, suivant en cela plutôt le tempérament et les actions des femmes que des hommes, étant de tardif mouvement, parce que leurs muscles étant mols et humides se joignent tellement les uns contre les autres qu'au lieu des grands contours carrés qui paraissent par les par-

Des lutteurs.

Du Gladiateur.

De l'Hercule.

Du tempérament sur plusieurs personnes différentes.

ties raccourcies aux hommes forts, en ceux-ci il ne paraît qu'une agréable douceur qui ne déplaît pas en son genre, comme l'on voit ordinairement aux tempéraments humides, mols et efféminés.

dans la galerie Farnèse.

Annibal Caracci a très bien observé cette étude par un Hercule qui sonne de la timpane, vêtu du manteau que Iole lui a donné. Cet Hercule paraît d'une chair molle et efféminée.

Il faut bien observer le tempérament, soit aux hommes, soit aux femmes ; car il y a des femmes aussi bien que des hommes, qui sont d'un tempérament vigoureux et fort, et dont les actions sont fortes ; et il y en a d'autres dont les actions sont moins fortes et les contours très agréables, d'autant que la chair est douce et belle ; mais il faut bien prendre garde en quelles personnes on se doit servir de cette belle chair.

ition du muscle par sa composition.

Il a fallu, pour faire un muscle, toute cette grande composition et tout cet assemblage de parties dont nous avons déjà parlé. Il lui fallait une tête immobile, afin que le corps du muscle en se remplissant de sang et d'esprits fît approcher de cette tête le tendon. Il fallait des vaisseaux pour décharger ce muscle gonflé, afin que ces fibres se relâchassent pour donner du repos à la partie qu'il mouvait dans sa contention. Il fallait une espèce de cessation du mouvement des fibres pour faire insensiblement un nouvel amas d'esprits, afin d'obéir promptement aux désirs de la volonté. Car enfin la volonté n'est pas toujours bien obéie : si le muscle est bien composé et bien disposé à l'obéissance qu'il doit à la volonté, tout va bien ; mais il faut tant de choses pour cette bonne disposition que l'une ou l'autre manquant, l'action est défectueuse ; et cela suit les tempéraments, non seulement de chaque muscle en particulier, mais de tout le corps en général. Les athlètes font des actions fortes selon leurs tempéraments et leurs vigueurs ; les mols et les efféminés en font d'une autre sorte, et les uns et les autres doivent être considérés dans la sculpture et bien distingués suivant le dessein et l'intention de l'ouvrier. Il faut faire fort ce qui le doit être, et il faut faire doux et mol ce qui le doit être aussi, et ajouter tellement toutes choses au dessein que rien n'y manque s'il est possible. Il y a des actions mixtes, mêlées de fort et de doux selon les rencontres ; mais surtout il faut se former une forte idée de ce que l'on veut représenter.

C'est le propre des muscles, quand ils doivent faire mouvoir les parties qu'ils ont à mouvoir, de se retirer vers leur principe qui est leur tête, et c'est pour cette raison que leur ventre se gonfle alors, et se remplit de sang et d'esprit pour faire approcher le tendon vers la tête et le corps du muscle, et par conséquent attirer le corps mobile auquel le tendon se termine.

Nous pouvons, Messieurs, faire preuve de cette vérité sur cette partie de figure que j'ai trouvé être convenable à notre discours, et qui nous peut donner beaucoup d'intelligence sur ce sujet par la violente force exprimée en toutes ses parties, principalement le bras étendu qui soutient un fardeau si pesant comme doit être cet homme mort ou blessé qu'il relève de terre. Nous pouvons, dis-je, remarquer en cette partie de figure la volonté agissant par le mouvement des muscles qui tirent à leur origine la partie où les tendons sont insérés, et remarquer aussi la force par leurs grosseurs et par leurs contours qui relèvent en hauteur, d'autant que c'est le propre des muscles de tirer vers leur principe.

Les parties de dessus l'épaule sont un peu allongées, et l'omoplate beaucoup avancée vers l'épaule, étant tirée par le sus-épineux qui tient sa place dessus l'épine de l'omoplate, comme aussi le muscle dessous l'épine, qu'on appelle sous-épineux lequel fait un effet extraordinaire en enfonçant cette partie plus qu'elle ne doit ; la cause de cet enfoncement provient de ce qu'il est attaché au col du bras en dehors, étant tiré par le fardeau.

Le deltoïde, comme naissant de l'épine de l'omoplate, de l'acromion et de la moitié de la clavicule, tient tous les os de l'épaule unis ensemble, et se va insérer par un fort tendon au milieu de l'os du bras.

Or d'autant que le fardeau est tiré au dedans du bras, c'est en ce lieu auquel les muscles sont beaucoup plus agités ; c'est donc par ces muscles du dedans que nous pouvons mieux connaître les effets du commandement de la volonté, et de l'obéissance de la chair qui lui est portée par les nerfs, d'autant que c'est le cerveau qui commande ; et c'est en lui que naît la volonté ; le nerf qui prend naissance dans le cerveau porte le commandement, et le muscle obéit.

Voyons le muscle pectoral, et considérons ce grand muscle rempli de chair fibreuse, lequel a son commencement à la clavicule, puis au sternon, et s'insère par un fort tendon redoublé en l'os du bras entre le deltoïde et le biceps ; le biceps fait aussi une pareille force, d'autant qu'il a deux têtes : l'une vient de la boîte de l'omoplate et l'autre vient de la tête de la clavicule, et s'attache dans le creux du coude au commencement de l'os qu'on appelle radius ou rayon. Ces deux muscles ici travaillent beaucoup, d'autant que le premier tire la première partie du bras et l'autre tire la seconde partie ; nous voyons que la partie charneuse de ces deux muscles se retire en hauteur vers leurs principes pour tirer par la force du tendon la partie où il est attaché ; aussi il faut remarquer que tous les autres muscles du bras tirent la partie chargée en relevant aussi leurs chairs comme ceux de dedans.

hortation pour es studieux sur la perfection du dessin.

Je dis ceci aux jeunes hommes qui cherchent la perfection de l'expression par la force du dessin sur le corps humain : c'est à eux à bien observer ce précepte de vérité naturelle, non seulement en cette partie dont nous avons parlé, mais aussi en toutes les parties du corps humain, selon les différentes actions et mouvements qui font changer aux muscles les contours du dessin. Ceux qui ignorent cette étude ou qui y apportent fort peu d'application, se contentent d'imiter la faiblesse d'un homme qui ne se veut point travailler ou que fort peu ; c'est pourquoi ils feront des figures simples et qui n'exprimeront pas ce qu'elles doivent représenter.

APPENDICE

APPENDICE

APPENDICE A

La plupart des conférences prononcées au xvii⁰ siècle ont été relues à l'Académie au xviii⁰ siècle avec des changements insignifiants ; nous donnons, à titre de document, la conférence du 2 mars 1669 transcrite cinquante ou soixante ans plus tard[1].

En vous parlant, Messieurs, de ce tableau, je commencerai par observer la lumière qui semble produite par un soleil couchant ; aussi la teinte du paysage est-elle un peu brune ; on l'a tenue de ce ton pour donner plus de force et de saillie aux figures, et la même raison a fait placer derrière elles cette muraille en demi-teinte. Les arbres qui sont au-dessus de cette muraille semblent être éclairés d'un autre jour que celui qui règne dans le tableau ; mais cette faute doit être imputée au paysagiste qui n'est point entré dans l'intention du Maître. Et de là nous pourrons inférer de quelle nécessité il est pour un peintre de n'ignorer aucune des parties de son art : elles doivent absolument produire en lui et en toutes rencontres une agréable harmonie

[1]. Voir le texte primitif, p. 90.

qui contente l'œil ainsi qu'une bonne musique satisfait l'oreille.

Les figures forment un groupe aussi parfait qu'agréable. Il n'est percé par aucun trou, ce qui donne plus de relief aux figures ; aussi toutes les autres parties d'un tableau doivent se rapporter et servir au groupe dominant, et c'est ce que Raphaël, ce grand génie, a pratiqué par excellence dans ce sujet, où tout est disposé de sorte qu'il donne et répand la première grâce et la principale douceur sur les figures de la sainte Vierge et de son fils.

On voit éclater dans le visage de la Vierge une joie noble et pleine de tendresse : sa figure agréable est posée dans une sorte d'action qui semble l'animer. Le corps porte sur le bras gauche pour se soulager du poids des deux enfants qui sont appuyés sur elle. Toutes les draperies sont maniérées d'une façon savante, en sorte que le nu se distingue sans donner aucune peine. Raphaël a principalement excellé dans cette partie : aussi, pour s'y rendre plus exact et plus régulier, il dessinait ordinairement les figures nues d'après la nature pour conserver mieux leur contour sous les draperies.

La figure du petit Christ est admirablement belle, bien dessinée et bien peinte. Le corps et la jambe sont absolument de relief. Le visage exprime une joie enfantine et caressante, mais qui conserve un caractère de prééminence sur le petit saint Jean.

Sainte Élisabeth est agenouillée présentant son fils au petit Jésus; elle le soutient dans la crainte qu'il n'incommode la Vierge. La tête est belle et coiffée d'une manière bizarre, mais modeste et convenable à l'âge de la personne représentée. Les plis de la draperie dont elle est revêtue sont beaux et bien disposés, d'une manière digne de leur auteur.

Saint Jean est dans une posture humiliée devant le petit Christ. Il a les bras croisés pour recevoir ses caresses avec plus de soumission; on voit sur son visage une joie respectueuse qui exprime le contentement qu'il éprouve de l'honneur qu'il reçoit. Sa tête a beaucoup de force; mais sa jambe et son pied droit paraissent un peu grands; ils sont posés d'une façon forcée et doivent blesser la cuisse de sainte Élisabeth aussi bien que notre vue.

Il faut avouer que ce sage et judicieux peintre s'est surpassé toujours lui-même dans la partie spirituelle de son art, qui semble faire parler les figures et leur faire dire tout ce que le sujet peut demander; l'œil le comprend sans le secours des paroles, et l'on doit toujours rapporter ce merveilleux effet à la justesse et à la simplicité des expressions du Maître qui a porté avec justice le nom de l'ange Raphaël, puisqu'il a ouvert nos yeux et guéri nos esprits de la maladie de cette manière gothique et barbare, qui avait jusqu'à lui régné, depuis mille ans que les Beaux-Arts avaient été ensevelis sous les ruines de l'empire Romain.

Il aurait été à souhaiter que Raphaël eût peint ce beau tableau de sa propre main au lieu d'emprunter celle de Jules Romain. Il aurait sans doute apporté plus d'attention à la position du petit Christ. Il est absolument hors de sa place : son corps porte sur la jointure de la cuisse de la Vierge qui sort de toute son étendue en deçà de l'enfant; un morceau de la draperie qui la couvre cache même une partie du ventre et de la cuisse jusqu'au-dessous du genou. Il faudrait, pour conserver la régularité du plan, que les pieds de l'enfant ne fussent pas plus avancés que le haut du corps, et cependant le peintre les a posés sur le devant du berceau qui est plus avancé hors du tableau que la figure de la Vierge, ce qui rend cette situation non seulement contrainte, mais impossible. Il n'aurait pas d'ailleurs fait le pied de la Vierge si petit et si peu proportionné aux autres parties. Jules Romain, qui a été assurément un grand homme, a pu remarquer ces défauts; mais il se peut faire aussi qu'il les a placés par méchanceté pour les faire attribuer à Raphaël et diminuer sa gloire. Ce qui pourrait me confirmer dans cette idée, c'est qu'il y a une estampe de ce tableau, mal gravée à la vérité, mais ces défauts ne s'y trouvent point, et il est à croire que Raphaël l'a fait expressément graver pour se justifier et rejeter les incorrections sur la jalousie de son copiste.

Quant au sujet du tableau, on peut, avancer hardiment qu'il est apocryphe ; car l'Évangile nous apprend que l'Ange du Seigneur apparut en songe à Joseph et lui dit : « Levez-vous; prenez l'Enfant et sa mère, fuyez en Égypte, et y demeurez jusqu'à ce que je vous dise de partir; car Hérode[1] chercherait l'Enfant pour le faire mourir. » Joseph s'étant levé prit l'Enfant et sa mère, et se retira en Égypte où il demeura jusqu'à la mort d'Hérode. La commune opinion de l'Église est qu'ils demeurèrent sept ans en Égypte : voyez Baronius et les Pères qu'il cite. Il dit par rapport à saint Jean que sainte Élisabeth se cacha avec son fils dans les montagnes de Judée pour éviter la persécution d'Hérode. Il n'y a donc aucune apparence, Messieurs, que le sujet soit représenté selon la vérité de l'histoire; Raphaël l'a sans doute tiré de quelque *ex-voto;* mais à présent que la peinture est au plus haut degré de perfection où elle avait été de ce siècle, nous ne devons point commettre de fautes contre l'histoire.

Cependant, il y a une infinité de sujets qu'on représente sans justesse. Je ne rapporterai pour exemple que celui de la Circoncision de Notre-Seigneur. On en dépeint ordinairement la cérémonie

---

1. Le manuscrit porte Joseph; c'est évidemment une distraction de l'auteur.

dans le temple de Jérusalem, et l'on y fait trouver la Vierge, contre la loi et la vérité. Car les femmes ne pouvaient sortir que quarante jours après qu'elles étaient accouchées, et par la même loi il était ordonné de circoncire les enfants le huitième jour après leur naissance. Ce sujet est donc ordinairement mal représenté par rapport à la vérité de l'histoire ; car il est certain que chaque père de famille faisait lui-même cette cérémonie dans sa maison ; ainsi on peut avancer sans témérité que saint Joseph la pratiqua à l'égard de l'Enfant Jésus, et dans la même étable où il daigna paraître au monde, et dont la Vierge ne put sortir que quarante jours après.

Et ce que je dis de la circoncision faite par le père est appuyé par l'ordre que Dieu donna à Abraham de circoncire toute sa famille. Il y a donc plusieurs sujets que l'on traite de peinture en peinture par une tradition abusive, sans qu'on se mette en peine de consulter et d'approfondir la vérité.

APPENDICE B

A côté des conférences de Le Brun et des deux Champaigne, il nous a semblé intéressant d'en placer une du peintre estimable que fut Nocret pour montrer combien peu brillants ont été les discours des artistes du xviie siècle. Nous n'avons d'ailleurs pas choisi une des œuvres les plus mauvaises en ce genre : elle rentre dans la moyenne.

CONFÉRENCE DE M. NOCRET

SUR LE PORTRAIT DU MARQUIS DEL VASTO DU TITIEN

7 septembre 1668

MESSIEURS,

Pour vous représenter la beauté et la perfection de ce rare tableau, vous devriez avoir fait un choix plus avantageux pour distinguer avec facilité l'agréable union des couleurs et des teintes que ce grand peintre a si parfaitement observées. Je ne doute point que vous ne lui rendiez toute la justice qui lui appartient, puisque vous en savez le poids et la mesure. C'est une nécessité de découvrir ce trésor pour en faire part à ceux qui ne connaissent simplement que le nom de ce grand homme, et particulièrement ces jeunes étudiants qui ne savent pas encore distinguer en quoi consiste le bon goût et la belle manière de peindre : l'on peut dire qu'il a porté la peinture à tel point qu'à peine avons-nous eu connaissance de quelqu'un qui l'ait surpassé. Il était de tous les Lombards celui qui triomphait dans le coloris, et même la plupart s'éturiaient à imiter sa manière, comme nous la recherchons encore présentement. S'il ne s'est pas rencontré universel, il a pu se vanter qu'il possédait les plus nobles parties, la peinture étant d'une si grande étendue qu'il est presque impossible qu'un homme (quelque avantage qu'il ait de la nature pour vivre longtemps) puisse en acquérir parfaitement toutes les parties. Ce grand Titien, étant sur la fin de ses jours plus amoureux que jamais de son pinceau, dit que c'était une témérité à l'homme d'oser entreprendre d'exceller universellement dans cet art et qu'il fallait plusieurs siècles pour en tirer la quintessence. Vous observerez donc, Messieurs, qu'il faut avoir bien de la capacité pour devenir un véritable peintre, et ce n'est pas sans sujet si nous rendons à ce grand homme ce qui lui est dû, puisque nous avons une de ses merveilles devant nos yeux, qui nous invite à examiner les excellents fruits de ses études.

Considérons, Messieurs, qu'il a fait ces choses avec tant de raison que sur la moindre partie que nous voudrons observer nous trouverons une conduite admirable regardant toute la masse et la disposition de cet ouvrage.

Premièrement, pour l'union des couleurs et leurs dégradations, elles se voient merveilleusement bien observées; et voyez ce que j'en puis connaître.

Les principales lumières sont éclairées par les couleurs les plus éclatantes, qui se vont noyant insensiblement jusqu'à l'extrémité de leur ombre. Vous verrez fort peu d'ombres ou reflets qu'ils ne participent de leur objet opposé. Il faut considérer sa principale figure qui est cette belle dame. Il faut regarder qu'il a peint le fond fort brun pour avoir plus d'avantage et faire éclater cette merveilleuse carnation, laquelle est peinte d'un amour et d'une tendresse surprenante, avec des vêtements fort discrètement trouvés qui ne sont pas fort hauts en couleur, particulièrement le vert qu'il a soigneusement éteint pour soulager les parties qu'il a voulu conserver.

Vous voyez même qu'il a représenté un linge très fin autour du sein de cette dame, comme aussi en forme de manches, pour n'avoir point d'occasion à lui donner de grands éclats, d'autant que le teint de cette figure était conservé comme sa principale partie; et pour interrompre l'étendue de ce linge, il a représenté sur son épaule une manière de voile de couleur rougeâtre qui lui tombe jusque sur la cuisse, et même accompagne si bien l'ombre du bras qui tient ce globe qu'il en augmente la beauté.

Et sur les genoux de la figure, il l'a traitée avec plus d'éclat que le reste du vêtement, soit que l'étoffe se rencontre plus haut en couleur, ou bien qu'étant éloignée de ses principales parties, il n'a pas appréhendé de nuire aux autres.

Le marquis del Vasto qui est représenté par cet homme armé est situé si avantageusement, tant pour la richesse du tableau que pour contrarier ces vagues carnations de part et d'autre. Il représente son armure luisante qui reçoit des deux côtés les objets qui lui sont opposés, et sur l'extrémité une lumière brillante qui fait un effet merveilleux, et une manche d'un rouge assez couvert qui facilite le détachement de l'autre main que cette dame tient sur le globe, ledit soldat portant aussi sa main sur le sein d'icelle dame ; et la tête de ce soldat est peinte d'une discrétion merveilleuse, avec une entente de lumière si noblement trouvée qu'il fallait être Titien pour raisonner de cette force.

Nous voyons aussi le soin qu'il a eu de représenter cette agréable fille d'un air si avantageux et d'une fraîcheur de teint si moelleusement conduite dans l'action où elle se trouve, et les couleurs de son vêtement correspondant à la douceur de son visage ; sa bouche témoigne parler à cette dame portant sa main sur son sein comme une action de pudeur et d'humilité.

L'auteur n'a pas eu moins d'ardeur de distribuer sur cette noble et agréable partie l'art de son pinceau qu'il a conduit pour former par ces teintes une si grande perfection que la nature y trouverait à peine de l'avantage. L'union de ces douces couleurs dont elle est vêtue, qui sont d'un jaune assez doux tirant sur le citron et une autre comme manière d'écharpe de gris de lin qui sépare les carnations de la main et du sein, font une si belle harmonie qu'il est très difficile d'y rien ajouter (*sic*).

Cependant[1] cette figure sert de fond à celle de l'Amour. Il ne l'a pas tenue d'une couleur moins vive ; il semble que l'art et la nature se soient unis pour produire une chose si surprenante et pour détacher cette dernière figure. Il a fait les cheveux de son Amour d'un poil châtain qui fait un grand contraste avec la grande lumière répandue sur cette jeune fille.

Enfin par un ménagement d'ombre et de clarté qui se trouvent avec tant de jugement et d'un air le plus accompli, il forme dans sa dernière beauté le dieu de l'amour.

Et sur le derrière l'on voit comme une manière

---

1. Le texte du manuscrit original devient ici tellement inintelligible qu'on a dû adopter la rédaction lue à l'Académie au XVIII° siècle.

de domestique tenant entre ses mains un panier de fleurs qu'il semble présenter audit soldat peint d'une manière sombre pour ne point entrer en confusion avec les parties supérieures, et plutôt y servir d'ornement.

Prononcé à l'Académie le septième jour de septembre 1668 par M. Nocret.

TABLE DES MATIÈRES

Avant-Propos.. VII
Préface. — Les Conférences de l'Académie Royale de Peinture et de Sculpture au XVIIe siècle..................... XIII

PREMIÈRE PARTIE

La Querelle du Dessin et de la Couleur

Conférence de M. de Champaigne l'oncle, sur un tableau du Titien représentant la Vierge, l'Enfant Jésus et saint Jean-Baptiste (12 juin 1671)............................... 3
Conférence de M. Blanchard sur le mérite de la couleur (7 novembre 1671)... 14
M. de Champaigne le neveu (27 décembre 1671)............ 27
M. de Champaigne le neveu, contre le discours fait par M. Blanchard sur le mérite de la couleur (9 janvier 1672).. 29
Discours de M. Le Brun. — Sentiments sur le discours du mérite de la couleur, par M. Blanchard (9 janvier 1672)... 35
M. de Sève le puîné, sur un ouvrage intitulé : *Conversations sur la couleur* (6 mars 1677)................................ 45
Conférence sur le coloris, par Desportes........................ 53

DEUXIÈME PARTIE

Conférences de Le Brun, de Philippe et de Jean-Baptiste de Champaigne

I. — Conférence de Le Brun

Discours sur le tableau du Ravissement de saint Paul (10 janvier 1671)... 77

II. — Conférences de Philippe de Champaigne

Conférence sur un tableau de Raphaël représentant l'Enfant Jésus, la Vierge, sainte Elisabeth et saint Jean (2 mars 1669)   90

Conférence de M. de Champaigne sur les ombres (7 juin 1670). 97
Conférence de M. de Champaigne l'oncle, contre les copistes des manières (11 juin 1672).................................. 102
Conférence de M. de Champaigne l'oncle, sur l'Enlèvement de Déjanire, du Guide (26 mai 1674)..................... 109

III. — Conférences de Jean-Baptiste de Champaigne

Conférence sur un tableau de M. Poussin, représentant la Peste chez les Philistins, pour avoir pris l'arche d'alliance (1ᵉʳ mars 1670).. 112
Conférence par M. de Champaigne le neveu, sur la Saison de l'été du Poussin, sous le voile de l'histoire de Ruth suppliant Booz de pouvoir glaner dans son champ (2 mai 1671).. 119
Conférence de M. de Champaigne le neveu, sur les Bacchanales, du Poussin (3 mars 1674)........................ 124
Conférence de M. de Champaigne le neveu, sur les Pélerins d'Emmaüs, du Titien (3 octobre 1676)..................... 127
Conférence de M. de Champaigne le neveu, sur la Madeleine, du Guide (11 avril 1677).................................... 136

TROISIÈME PARTIE

L'année 1672

Conférence du 2 juillet 1672, sur le corps humain représenté comme une forte citadelle, par Michel Anguier........... 153
Conférence du sixième jour d'août 1672, sur l'anatomie, pour bien connaître les mouvements et repos des muscles, par Michel Anguier... 178
Conférence du 3 septembre 1672, sur une méthode particulière qu'il faut tenir pour faire une figure anatomique de sculpture, et comment il convient de s'en servir pour la facilité du dessin, par M. Anguier..................... 202
Conférence du 1ᵉʳ jour d'octobre 1672, de l'action du muscle et de ses parties agitées par le commandement de la volonté, par M. Anguier....................................... 208

APPENDICE

Appendice A. — Retouches du xviiiᵉ siècle sur un discours de Philippe de Champaigne................................... 219
Appendice B. — Conférence de M. Nocret sur le portrait du Marquis del Vasto, du Titien (7 septembre 1668)....... 227